AF365595

总主编◎楼宇烈

中|华|优|秀|传|统|文|化|经|典|丛|书

鬼谷子

（战国）鬼谷子 著 ◎ 兰彦岭 解读

中国长安出版传媒有限公司
中 国 长 安 出 版 社

图书在版编目（CIP）数据

鬼谷子 /（战国）鬼谷子著；兰彦岭解读 . — 北京：中国长安出版传媒有限公司，2022.6（2023.5 重印）

（中华优秀传统文化经典丛书 / 楼宇烈总主编）

ISBN 978-7-5107-1099-5

Ⅰ. ①鬼…　Ⅱ. ①鬼…　②兰…　Ⅲ. ①纵横家　②《鬼谷子》—研究　Ⅳ. ① B228.05

中国版本图书馆 CIP 数据核字（2022）第 090673 号

鬼谷子

作　　者　（战国）鬼谷子 / 著　兰彦岭 / 解读
责任编辑　李　涛
特约编辑　刘　静
策　　划　善品堂® 藏書
出版发行　中国长安出版传媒有限公司　中国长安出版社
社　　址　北京市东城区北池子大街 14 号（100006）
邮　　箱　capress@163.com
电　　话　（010）66529988-1323

开　　本　889 毫米 × 1194 毫米　1/32
印　　张　11.25
字　　数　200 千字
版　　次　2022 年 6 月第 1 版
印　　次　2023 年 5 月第 2 次印刷
书　　号　ISBN 978-7-5107-1099-5
定　　价　86.00 元

中华优秀传统文化经典丛书

编委会秘书处

出版缘起

文化是一个国家、一个民族的灵魂。泱泱华夏，五千年文明历史所孕育的中华优秀传统文化，是中华民族生生不息、发展壮大的丰厚土壤。

党的十八大以来，以习近平同志为核心的党中央高度重视中华优秀传统文化的传承与发展。2013 年 11 月 26 日，习近平总书记在山东曲阜孔府和孔子研究院考察时强调："要大力弘扬中国传统文化。"2022 年 6 月 8 日，习近平总书记在四川眉山三苏祠考察时指出："要善于从中华优秀传统文化中汲取治国理政的理念和思维。"2017 年 1 月，中共中央办公厅、国务院办公厅印发《关于实施中华优秀传统文化传承发展工程的意见》，系统部署传承发展中华优秀传统文化的战略任务，把传承中华优秀传统文化提升到新的历史高度。2022 年 4 月，中共中央办公厅、国务院办公厅印发《关于推进新时代古籍工作的意见》，明确指出，要完善古籍工作体系、提升古籍工作质量，“挖掘古籍时代价值”，“促进古籍有效利用”，“做好古籍普及传播”。

中华传统文化是中华民族的“根”与“魂”。文化兴则国家兴，文化强则民族强。没有高度的文化自信，没有文化的繁荣兴盛，就没有中华民族的伟大复兴。党的十九届六中全会强调，要“推动中华优秀传统文化创造性转化、创新性发展”。为适应全民阅读、共读经典的时代需求，我们组织出版《中华优秀传统文化经典丛书》，以展示古籍研究领域的成果，推广、普及中华优秀传统文化经典，传承、弘扬中华优秀传统文化，提振当代中国人的文化自信。

激活经典，熔古铸今。丛书精选中华优秀传统文化经典，既选取广为人知的历史沉淀下来的传世经典，也增选极具价值但多部大型丛书未曾选入的珍稀出土文献（如诸多竹简、帛书典籍），充分展示中华传统文化的历史脉络与宏富多元。丛书由众多学识渊博的专家学者担任编委，遴选各领域杰出研究者与传承人担任解读（或译注）作者，切实保证作品品质。

丛书定位为中华优秀传统文化经典普及读物，力求能让广大读者亲近经典、阅读经典，充分领略和感受中华优秀传统文化的魅力，并从中获益。为此，解读者（或译注者）以当代价值需求为切入点解读古代典籍，全方位解决古文存在的难读难解、难以亲近的问题，让中华优秀传统文化贴近现实生活，走进人们的心中，最大限度地发挥以文化人的作用。

“问渠那得清如许？为有源头活水来。”博大精深的中华文化源远流长，五千年文脉绵延不绝，中华优秀传统文化是中华儿女奋发图强、继往开来、实现民族伟大复兴的强大精神来源。“洒扫应对，莫非学问。”读者诸君若能常读经典、读好经典，真正把传统文化的精义、真髓切实融入生活和工作，那各位的知与行也一定能让生活充满希望，让工作点亮未来，让国家昌盛，让世界更美好！

丛书编委会

2022 年 6 月 9 日

前　言

鬼谷子，姓名传说不一，隐于鬼谷，因以自号，是战国时期著名的思想家、谋略家、兵家，是古代纵横家的鼻祖，长于养性持身和纵横捭阖之术。最早记载“鬼谷子”的文献是汉代司马迁的《史记》，提到苏秦、张仪“俱事鬼谷先生学术”。其中，《苏秦列传》说，苏秦“东师事于齐，而习之于鬼谷先生”；《张仪列传》说，张仪“尝与苏秦俱事鬼谷先生学术，苏秦自以不及张仪”。《鬼谷子》对心理学、说服谈判学、领导学、决策学和预测学等方面进行了论述，成为纵横家们的“教科书”。

先秦时代是我国历史上一个百花齐放、百家争鸣的时代，各种学派获得了自由发展的空间。在诸子百家中，鬼谷子与老子、孔子、孟子、孙子等齐名。他的纵横学不但获得充分发展，更是得到广泛运用，主要体现在他的入世弟子的事迹上。在诸侯并起、战乱连年、动荡不安的战国时期，鬼谷子的四大弟子扮演着极为重要的角色。其中，孙膑是齐国军师，军事才能卓越，代表作有《孙膑兵法》；庞涓为魏国大将军，精于实战，战无不胜，使魏国成为战国七雄之一；苏秦利用合纵术，身佩六国相印，合纵六国抗秦，使秦国不敢出兵达十年之久；张仪为秦国相邦，采用连横术瓦解六国合纵，使秦国逐步统一全国。

《鬼谷子》分为三卷，上卷包括四篇，侧重于阐述纵横捭阖之道的理论；中卷包括十篇（第十三、十四篇已亡佚，仅存目），侧重于论述纵横家纵横捭阖的八种方法；下卷包括《本经阴符七术》《持枢》《中经》，侧重于阐述修德、养气、养精、养神。虽然主要针对游说、论辩、谈判活动而言，但是由于其中涉及大量谋略问题，与军事问题触类旁通，也常常被称为兵书。“智用于众人之所不能知，而能用于众人之所不能见”，“潜谋于无形，常胜于不争不费”，此为《鬼谷子》之精髓所在。《鬼谷子》的指导思想是“非独忠信仁义也，中正而已矣”，并不是单纯讲求仁爱、义理、忠诚、信守，而是用中、守正之道。因此，历来学者对《鬼谷子》推崇者甚少。实际上，外交战术之得益与否，关系国家之安危兴衰；生意谈判与竞争之策略是否得当，关系到经济之成败得失。即使在日常生活中，言谈技巧也能体现一人之处世为人之得体与否。

兰彦岭

2022 年 5 月

目　录

上卷

捭阖第一……………………………………………………（1）
反应第二……………………………………………………（21）
内揵第三……………………………………………………（37）
抵巇第四……………………………………………………（52）

中卷

飞箝第五……………………………………………………（62）
忤合第六……………………………………………………（73）
揣篇第七……………………………………………………（83）
摩篇第八……………………………………………………（93）
权篇第九……………………………………………………（106）

谋篇第十……………………………………………………（123）
决篇第十一 …………………………………………………（141）
符言第十二 …………………………………………………（149）
转丸第十三 …………………………………………………（163）
胠乱第十四 …………………………………………………（164）

下卷

本经阴符七术 ………………………………………………（165）
第一术　盛神法五龙……………………………………（165）
第二术　养志法灵龟……………………………………（179）
第三术　实意法螣蛇……………………………………（189）
第四术　分威法伏熊……………………………………（199）
第五术　散势法鸷鸟……………………………………（209）
第六术　转圆法猛兽……………………………………（219）
第七术　损兑法灵蓍……………………………………（229）
持　枢……………………………………………………（237）
中　经……………………………………………………（241）

附　录　嘉庆十年江都秦氏刻本《鬼谷子》………（259）

上卷

捭阖第一

粤若稽古[1]，圣人之在天地间也[2]，为众生之先[3]。观阴阳之开阖以命物[4]，知存亡之门户[5]，筹策万类之终始[6]，达人心之理[7]，见变化之朕焉[8]，而守司其门户[9]。故圣人之在天下也[10]，自古及今，其道一也[11]。

[注释]

1 粤若稽古：此句与《尚书·尧典》开头相同。粤若：发语词，无意义。稽：考察。陶宏景（本名陶弘景。清代为避讳乾隆之名“弘历”，以“宏”代替“弘”字）注：“若，顺；稽，考也。”据考，史上第一位详细注解《鬼谷子》的是南朝齐梁时思想家陶宏景，他当过梁武帝的顾问，人称“山中宰相”。陶宏景的解释是“如果顺着往上考察古代的历史”，句意亦通。

2 圣人：有高深道德、智慧的人，这里指能纵横捭阖的人。圣人能够深入领会阴阳之理、捭阖之道，掌握自然界和社会的本质及规律，并善于利用矛盾，从事社会活动。

3 众生：芸芸众生。先：先知先觉者。

4 阴阳：古代哲学思想，代表世界对立而统一的性质以及由此形成的万事万物。阳象征阳光、正面、运动、雄性、刚健、热烈、积极，阴象征阴暗、负面、静止、阴性、柔顺、冷静、消极。命物：借指判断物理、统御、调控管理万物，役使万物。命：指派、指示。陶宏景注：“阳开以生物，阴合以成物。生成既著，须立名以命之也。”

5 门户：比喻出入必经的要地，借喻关键，途径，道理。陶宏景注：“不忘亡者，存；有其存者，亡。能知吉凶之先见者，其唯知几者乎？故曰：知存亡之门户也。”因此，纵横家要有洞悉吉凶祸福的能力。

6 筹策：原指古代计算用具，这里引申为谋算，筹划。万类：万物。

7 达：通达知晓。

8 眹：征兆。道藏本作“联”，四库全书本作“眹”，两字形近，且可通用。

9 守司其门户：圣人始终掌握生死存亡的关键，以便在实践活动中趋利避害，掌握主动。守司：掌握，运用。陶宏景注："万类之终始，人心之理，变化朕迹，莫不朗然玄悟，而无幽不测，故能筹策达见焉。司，主守也。门户，即上存亡门户也。圣人既达物理终始，知存亡之门户，能守而司之，令其背亡而趣存也。"

10 之：往，到达。《意林》引文作"及"。

11 其道：圣人的道。道：规律，方法。

［译文］

推究古代的历史就可知道，圣人在天地之间能称之为圣人，是因为他是芸芸众生中的先知先觉者。圣人观察阴阳两面、捭阖两种状态的变化规律来判断万物之理，从而明白万物生死存亡的规律和关键。圣人筹划自然万物的始终，能深入人心，发现变化的隐微征兆，并能掌握生死存亡的关键。因此，圣人在普天之下。从古到今，都遵守同一的自然之道。

变化无穷，各有所归[1]，或阴或阳[2]，或柔或刚，或开或闭，或弛或张[3]。是故圣人一守司其门户[4]，审察其所先后，度权量能[5]，校其伎巧短长[6]。

［注释］

1 所归：归宿，归属，归类。陶宏景注："其道虽一，所行不同，故曰变化无穷。然有条而不紊，故曰各有所归。”

2 或：有的。

3 弛：松弛。张：紧张。或阴或阳，或柔或刚，或开或闭，或弛或张，皆属于捭阖之日常表现。针对不同对象，处理的方式方法不同，或开或合，因时而化，因人而异，因地制宜，随势而变。陶宏景注：“此二者，法象各异，施教不同。”

4 一：一贯。

5 度权量能：审查、估量对方的权谋与能力。度：量长短。权：称轻重。量：衡量。能：才能。

6 校：比。伎巧：工巧。短长：优劣。陶宏景注：“政教虽殊，至于守司门户则一，故审察其所宜先者先行，所宜后者后行之也。权谓权谋，能谓材能，伎巧谓百工之役。言圣人之用人，必度量其谋能之优劣，校考其伎巧之长短，然后因材而用。”

[译文]

然而，事物虽然变化无穷，但都有自身的规律和目的。有的阴，有的阳；有的柔，有的刚；有的开放，有的封闭；有的松弛，有的紧张。因此，圣人专一地掌握阴阳捭阖的关键，周密地考察事物的先后顺序，度量人们的权谋和才能的优劣，比较他们技艺的短长。

夫贤、不肖[1]，智、愚，勇、怯，仁、义[2]，有差[3]。乃可捭，乃可阖；乃可进，乃可退；乃可贱，乃可贵；无为以牧之[4]。

［注释］

1 贤：贤人，德才兼备的人。不肖：不具有德行、才能的人。

2 仁：慈爱。义：适宜。俞樾《读书余录》认为，“仁、义”是衍文。

3 差：差别，等级。陶宏景注：“言贤不肖、智愚、勇怯，材性不同，各有差品。”

4 无为：顺应自然。《老子》曰：“道常无为而无不为，侯王若能守之，万物将自化。”牧：牧养，这里指驾驭，管理。陶宏景注：“贤者可捭而同之，不肖者可阖而异之。智之与勇，可进而贵之；愚之与怯，可退而贱之。贤愚各当其分，股肱尽其力，但恭己无为，牧之而已矣。”

［译文］

贤能和不肖，聪明和愚钝，勇敢和怯弱，慈爱和守义，是有差异的，应该区别对待。根据各自秉性，有的要放手使用，有的要拒绝不用；有的提拔，有的辞退；有的可以轻视，有的可以推崇，以顺应人性自然之道来对待。

审定有无[1]，以其实虚[2]，随其嗜欲[3]，以见其志意[4]。微排其所言[5]，而捭反之[6]，以求其实，贵得其指[7]；阖而捭之[8]，以求其利[9]。

［注释］

1 审定：仔细考究而推定。有无：才能的有无。

2 实虚：表现的真假。

3 嗜：爱好。欲：欲望。

4 见：表现出来。志意：志向与思想。"以其实虚"，俞樾《读书余录》认为，"以"通"与"。陶宏景注："言任贤之道，必审定其材术之有无，性行之虚实。然后，随其嗜欲而任之，以见其志意之真伪也。"

5 微排：轻微地试探性地反驳。

6 反：反复阐述。意思是说可以从对方的言辞中来推知他的意图，办法是己方先采用"阖"的办法，反复推研求证对方所言之意，找到矛盾或缺陷之处，然后采用"捭"的方式故意地反问过去而得到其真实的意图。

7 指：旨意，真实的想法。陶宏景注："凡言事者，则微排抑其所言，拨动以反难之，以求其实情。"

8 阖：闭口不言。捭：使对方说话。

9 利：对方追求的利益、目标等。陶宏景注："实情既得，又自闭藏两拨动之，（彼）以求其所言之利何如耳。"

［译文］

认真详尽地考察他有没有才能，为人是真诚还是虚假，根据他的嗜好来发现他的性情、志向、思想。然后，试探性地反驳他的言论，反复探知他的内心，从而探寻对方的真实想法，关键在于了解到他的志向和主张。如果对方闭口不说，要想法让他开口，以了解他追求什么利益。

或开而示之，或阖而闭之。开而示之者，同其情也[1]；阖而闭之者，异其诚也[2]。可与不可[3]，审明其计谋[4]，以原其同异[5]。离合有守[6]，先从其志[7]。即欲捭之，贵周[8]；即欲阖之，贵密[9]。周密之贵微[10]，而与道相追[11]。

［注释］

1 同其情：使双方思想相同。

2 异其诚：分析判断出对方的诚意。陶宏景注："开而同之，所以尽其情；阖而异之，所以知其诚也。"

3 可：赞同。

4 审明：己方应仔细地看清楚对方的策略、方式可行或不可行，都一定先要找到双方的共同点和不同点。

5 原：分析、探究。陶宏景注："凡臣所言，有可有不可，必明审其计谋以原其同异。"

6 离：乖离，不相合。守：原则，规范，准则，在一个地方不动。

7 从其志：跟从对方的意愿。此言是说彼此双方的意见不管一致不一致，有一个原则要守住，先顺从对方的意愿，取得信任后，再实施自己的计划。从：跟从，掌握。陶宏景注："谓其计谋，虽离合不同，但能有所执守，则先从其志以尽之，以知成败之归也。"

8 周：周详。

9 密：隐秘。陶宏景注："言拨动之，贵其周遍；闭藏之，贵其隐密。"冯叔吉对此句评论说："苏子之党，仰庆吊变，说匿情以据缴乘危，即是祖此。"

10 微：隐蔽，微妙。

11 追：接近。陶宏景注："而此二者，皆须微妙，合于道之理，然后为得也。"意在说明隐秘工作要合乎大道，归于无形，这是隐微的最高境界。

[译文]

或者打开心门，向对方表明自己的想法，或者关闭心门，以进一步试探对方。向对方表明自己的想法，是为了与对方达到思想契合；向对方关闭心门闭口不言，是为了了解对方的诚意。至于什么可行，什么不可行，一定要先审察清楚对方的计谋，考察双方的意见异同的根源。彼此双方的意见不管一致不一致，有一个原则要守住，即首先明了对方的真实意图，先顺从他，再适时而动。此言强调捭阖之注意事项。用捭之策，贵在考虑周到全面，不可草率；用阖之策，贵在隐秘不宣，不可泄露。周详和隐秘贵在微妙运用，并相合于自然之道。

捭之者，料其情也[1]；阖之者，结其诚也[2]。皆见其权衡轻重[3]，乃为之度数[4]，圣人因而为之虑[5]。其不中权衡度数[6]，圣人因而自为之虑[7]。

［注释］

1 料其情：推测对方的虚实真假。料：揣度，估计，这里指了解。

2 结：结交。诚：诚意。陶宏景注："料谓简择，结谓系束。情有真伪，故须简择；诚或无终，故须系束也。"

3 皆：都。权：秤锤。衡：秤杆。

4 度数：秤杆上的刻度，标准。

5 为之虑：为对方谋划。陶宏景注："权衡既陈，轻重自分。然后为之度数，以制其轻重，轻重得所，因而为设谋虑使之道行也。"

6 中：符合。

7 自为之虑：为自己考虑。圣人要相机而动，进则为他人献策，退则为自己谋划。俞樾《读书余录》云："自行者，自为之虑也；为人行者，因而为之虑也。”纵横家聪明机巧，做事必留退路，在纵横捭阖之间腾挪自如，进退有度。陶宏景注：“谓轻重不合于斤两，长短不充于度数，便为废物，何所施哉？圣人因是自为谋虑，更求其反也。”

［译文］

用捭使对方开启，是为了探测对方的虚实真假；探测清楚对方的实情之后用阖，是为了争取对方的真诚合作。首先，圣人根据对方实际情况，揣度对方谋略的性质和谋划的程度，然后顺其所想而为之设计筹谋。如果对方的情况不合乎己方标准，就要根据实际情况，自己另行考虑。

故捭者，或捭而出之[1]，或捭而纳之[2]；阖者，或阖而取之[3]，或阖而去之[4]。捭阖者，天地之道[5]。捭阖者，以变动阴阳[6]，四时开闭[7]，以化万物[8]。纵横、反出、反覆、反忤[9]，必由此矣[10]。

［注释］

1 出之：取出使用。

2 纳之：收纳闭藏。陶宏景注：“谓中权衡者，出而用之；其不中者，纳而藏之也。”

3 取：争取。

4 去：离开。陶宏景注：“诚者，阖而取之；不诚者，阖而去之。”

5 天地之道：符合天地阴阳的自然之道。陶宏景注：“阖户谓之坤，辟户谓之乾。故谓天地之道。”

6 变动阴阳：使阴阳变动。

7 四时开闭：四季交替。

8 化万物：化育万物。陶宏景注：“阴阳变动，四时开闭，皆捭阖之道也。纵横谓废起万物，或开以起之，或阖而废之。”

9 纵横、反出：纵与横，返（同“反”）与出，皆是对立的事物，是阴阳的表现形式。忤：不顺从、违反。

10 必由此：必然要遵循这个道理。这是捭阖之术具体表现形式。纵横交错，反之覆之，顺此忤彼，形式虽不同，但均以捭阖之术而御之。陶宏景注：“言捭阖之道，或反之令出于彼，或反之覆来于此；或反之于彼，忤之于此，皆从捭阖而生，故曰必由此也。”俞樾《读书余录》云：“反出、反忤四字，衍文也。此文当读至万物绝句，四时开闭，以化万物，纵横反覆，必由此矣。其文甚明。写者衍反出反忤四字，陶氏遂于横字绝句，反出、反复、反忤并列为三义，虽曲为之说，不可通也。”

［译文］

因此，所谓开启，可以把适合的计谋拿出实施，对不适合的计谋要收藏不用或把别人的计谋建议吸纳进来。所谓闭合，或是了解到对方有诚意就争取利用，或是了解到对方无诚意便离开他。开启和闭合是自然万物变化的基本规律，天地通过起承转合，使阴阳二气处于对立统一的运动之中，使四季交替运行，化育万物生长收藏。游说中的纵横变化，对道理的反复阐述，是纵是横，是返是出，是反是覆，是向是背，都离不开捭阖基本规则。

捭阖者，道之大化[1]，说之变也[2]。必豫审其变化[3]，吉凶大命系焉。口者，心之门户也[4]。心者，神之主也。志意[5]、喜欲[6]、思虑[7]、智谋[8]，此皆由门户出入。故关之以捭阖[9]，制之以出入[10]。

［注释］

1 道之大化：道的阴阳变化。

2 说之变：游说的应变之道。陶宏景注："言事无开阖，则大道不化，言说无变。故开闭者，所以化大道，变言说。事虽大，莫不成之于变化，故必豫审之。"

3 豫：通"预"，预先。

4 心：古人认为，心是主管思维与神的器官。人的神藏在心里，所以说心为“神之主”。陶宏景注：“心因口宣，故口者心之门户也；神为心用，故心者神之主也。”

5 志意：志向、意愿。

6 喜欲：喜好、欲望。

7 思虑：所思所虑。

8 智谋：智慧谋略。陶宏景注：“凡此八者，皆往来于口中，故曰：皆由门户出入也。”

9 关：原意指门闩。这里作“关闭”之意。

10 制：控制。以捭阖之术来驾驭嘴巴。陶宏景注：“言八者若无开闭，事或不节。故关之以捭阖者，所以制其出入。”

[译文]

捭阖是万事万物变化的基本规律，也是游说之中必须遵循的道理，所以一定要预先周详地研究阴阳开合变化的规律，吉凶存亡的关键全系于一捭一阖之间。口是心的门户，心是精神的主宰。人们的志向、欲望、思想、智谋等，都要通过口这个门户说出来。因此，要用捭阖之道来管住自己的嘴巴，审慎表达。

捭之者，开也，言也，阳也。阖之者，闭也，默也[1]，阴也。阴阳其和，终始其义[2]。

［注释］

1 默：沉默不言。陶宏景注："开言于外，故曰阳也；闭情于内，故曰阴也。"

2 和：协调，均衡。终始：开始与结束。义：宜，适宜、陶宏景注："开闭有节，故阴阳和；先后合宜，故终始义。"

［译文］

所谓"捭"，就是打开心门，开口讲话，积极向上；所谓"阖"，就是封闭内心、沉默不言、闭藏收敛。阴阳两种方式要相互搭配、协调，自始至终，开合自然，收放自如。

故言长生、安乐、富贵、尊荣[1]、显名[2]、爱好[3]、财利、得意、喜欲，为"阳"，曰"始"。故言死亡、忧患、贫贱、苦辱、弃损[4]、亡利、失意、有害、刑戮、诛罚，为"阴"，曰"终"。诸言法阳之类者[5]，皆曰"始"；言善以始其事[6]。诸言法阴之类者，皆曰"终"；言恶以终其谋[7]。

［注释］

1 尊荣：尊贵而荣耀。

2 显名：名声显赫。

3 爱好：自己喜爱的。陶宏景注："凡此皆欲人之生，故曰始，曰阳。"

4 弃损：被抛弃，受到损害。陶宏景注："凡此皆欲人之死，故曰阴，曰终。"

5 诸言：各种言论。

6 言善：讲事情的利益、好处。始其事：让他开始行动。

7 言恶：讲事情的危害、坏处。终其谋：终止他的谋略、想法。陶宏景注："谓言说者，有于阳言之，有于阴言之，听者宜知其然。"

[译文]

所以说长生、安乐、富贵、尊荣、显名、喜好、财货、得意，都属于"阳"的一类事物，叫作"始"；而死亡、忧患、贫贱、羞辱、毁弃、损伤、失意、灾害、刑戮、诛罚等，属于"阴"的一类事物，叫作"终"。凡是那些追求"阳道"的一派，都可以称为"始"，以谈论"善"开始，即从讲这件事的好处和利益来游说他；凡是那些合乎"阴道"的一派，都可以称为"终"，从谈论"恶"方面入手，即大讲其厌恶的或担心的不好的结果来终止他的想法。

捭阖之道，以阴阳试之[1]。故与阳言者[2]，依崇高；

与阴言者[3]，依卑小[4]。以下求小，以高求大[5]。由此言之，无所不出，无所不入，无所不可[6]。可以说人，可以说家，可以说国，可以说天下[7]。为小无内[8]，为大无外[9]。益损[10]、去就[11]、倍反[12]，皆以阴阳御其事[13]。

[注释]

1 以阴阳试之：从阴阳两个方面试行。陶宏景注："谓或拨动之，或闭藏之。以阴阳之言试之，则其情慕可知。"

2 阳：积极向上、处在上位的人。

3 阴：消极怕事、处在下位的人。

4 卑小：低小，指内容卑微低小。陶宏景注："谓与情阳者言，依崇高以引之；与情阴者言，依卑小以引之。"对性情为阳的人，就要和他说高远之事；对性情为阴的人，就要与他说卑小之事，这样与之频道契合而较易成功。

5 以下求小，以高求大：要顺应人的属性之阴阳特点去游说。求：应合。下：即前文的"卑小"。小：志向低小者。高：即前文的"崇高"。大：志向宏远者。陶宏景注："阴言卑小，故曰以下求小；阳言崇高，故曰以高求大。"

6 无所不可：没有情况是不可以的。陶宏景注："阴阳之理尽，小大之情得。故出入皆可，何所不可乎？"

7 人：普通百姓。家：大夫。国：诸侯。天下：指当时统治全中国的周天子。陶宏景注："无所不可，故所说皆可。”

8 无内：不能更小。

9 无外：不能更大。这是道家的一种宇宙观。陶宏景注：“尽阴则无内，尽阳则无外。”

10 益损：增加或减少。

11 去就：离去或接近。

12 倍：通“背”，背离。反：通“返”，返回。

13 御：驾驭，主导。陶宏景注：“以道相成曰益，以事相贼曰损；义乖曰去，志同曰就；去而遂绝曰倍，去而复来曰反。凡此不出阴阳之情，故曰皆以阴阳御其事也。”

[译文]

捭阖之道要从阴阳两方面来试行。跟积极向上、处在上位的人说话，内容要高远向上；跟消极怕事、处在下位的人说话，内容要卑小，切合私利。用低下保守的言论来适应志向卑微的人，以高昂进取的言论来适应志向高大的人。遵循这样的法则去游说，没有什么差池，没有什么对象不可以说服。用捭阖之道，可以说服普通人，可以说服大夫，可以说服诸侯，可以说服天子。若从小的方面入手，可以小到不能再小；若从大的方面着眼，能够大到不能再大。损害和增益，离去和接近，背离和返回，都是由运用阴、阳的规律来驾驭和决定的。

阳动而行，阴止而藏；阳动而出，阴随而入。阳还终始，阴极反阳。以阳动者，德相生也[1]；以阴静者，形相成也[2]。以阳求阴，苞以德也[3]；以阴结阳，施以力也。阴阳相求[4]，由捭阖也。此天地阴阳之道，而说人之法也[5]。为万事之先，是谓圆方之门户[6]。

［注释］

1 此六句讲阴阳的相辅相生、相互转化。陶宏景注："此言上下相成，由阴阳相生也。"德相生：道德互相增长。

2 形相成：与形势相辅相成。

3 苞：通"包"，包容。

4 相求：互相追求。陶宏景注："上下所以能相求者，由开闭而生也。"

5 说：游说。陶宏景注："言既体天地，象阴阳，故其法可以说人也。"

6 为万事之先，是谓圆方之门户：此言捭阖乃天地间处理万事的根本法则。圆方：天方地圆。圆喻无形，方喻有形。这里指不同的方法或表现。陶宏景注："天圆地方，上下之义也。理尽开闭，然后生万物，故为万物先。上下之道，由此出入，故曰圆方之门户。"

[译文]

面对阳势（有利的形势），就要积极进取、奋勇前进；面对阴势（不利的形势），就要停止行动、隐藏待时。面对阳势，主动出击；面对阴势，退避潜入。阴阳互换，阳反复运动，转化为阴；阴到了极点就反归为阳。凡是凭阳气而动的人，道德意志随之相生相长；凭阴气而静的人，左右进退与形势相辅相成。从阳的方面去追求阴，要用德行去包容对方，以德包容；从阴的方面去接近阳，要尽智竭力，以诚感人。阴阳相互追求，相互结合，必须通过开与闭的途径。这就是天地间的阴阳之道，也是游说别人的方法，是做好万事的先决条件，也是天地之门户，方略圆熟之关键。

[评析]

本篇是讲如何洞察阴阳变化，以阴阳之变化来应对世间万事万物。

捭即是开，阖即是闭。鬼谷子认为，当一个人掌握并灵活运用捭阖之术，就能世事洞明，人情练达，万事皆能成功。“捭之者，开也，言也，阳也。阖之者，闭也，默也，阴也。”捭的意思就是开放，发言，积极进取；阖就是封闭，缄默，隐匿等待。阴阳两方面相协调。开放与封闭才能协调进行，才能够善始善终，所以圣人通常明白阴阳的变化，诸如量变和质变及相互关系。他们以无为之心，审察这种变化、有无、虚实等，见机行事，反对妄为。

纵横捭阖这种行动策略，是道的表现、道的外化，事关生死。在各种行为中，要心口一致。口是门户，心是神主。怎么想，怎么说，决定成败。始和终，皆要顺应阴阳的变化。

对于事物阳的一面，正能量，要以崇高对待；而阴的一面，负能量，要以卑下对待。可以用卑下来求索微小，可以用崇高来求索博大。知道用阴阳来处理世间万事万物，就是掌握了天地的门户。

人生百年，当晓起伏进退之功。伏是柔，起是刚；退是能量的积聚，进是积聚后的释放。伏是一种气度，更是一种魄力。起后能伏，需要大智；进后能退，更需大勇。人生沧海浮云，当能屈能伸。起就起他个直上云霄，伏就伏他个龙跃于渊；退就退他个心如止水，进就进他个飞龙在天。这就是捭阖之道！

本篇是鬼谷子思想的总论和纲领。

反应第二

古之大化者[1]，乃与无形俱生[2]。反以观往[3]，覆以验来[4]；反以知古，覆以知今[5]；反以知彼，覆以知己。动静虚实之理[6]，不合来今，反古而求之。事有反而得覆者[7]，圣人之意也，不可不察[8]。

[注释]

1 化：化育。大化者：教化众生的圣人。

2 无形：指“道”，万物的本原，自然运化的法则、规律。陶宏景注：“大化者，谓古之圣人以大道化物也。无形者，道也。动必由道，故曰与无形俱生也。”《易·系辞上》曰：“形而上者谓之道，形而下者谓之器。”《道德经》曰：“有物混成，先天地生……吾不知其名。强字之曰道。”

3 反：同“返”，返回，反复。

4 覆：翻来覆去。

5 往、来、古、今：过去，未来，古代，今天。陶宏景注：“言大化圣人，稽众舍己，举事慎重。反复详验。欲以知来，先以观往；欲以知今，先以考古；欲以知彼，先度于己。故能举无遗策，动必成功。”

6 动静虚实：指世间的一切物质。动静：行动与静止。虚实：虚空的与实在的。陶宏景注：“动静，由行止也。虚实，由真伪也。其理不合于今，反求诸古者也。”

7 覆：回覆，覆核，验证。陶宏景注：“事有不合，反而求彼，翻得覆会于此。成此在于考彼，契今由于求古，斯圣人之意也。”

8 察：考察。陶宏景注：“不审则失之于几，故不可不察。”

［译文］

古代化育众生的圣人，是与大道共同生存的。他返回去观察历史，翻过来察验将来；返回去考察古代，翻过来审视当下；返回去探究别人，翻过来认识自我。事物动静虚实的道理，如果跟今天的现实和将要发生的情况不合，就返回去研究古代的历史，从而寻求出正确答案。事情往往有反求于古代而得到成功启示的，这是圣人的方法，我们不可以不认真研究学习。

人言者，动也[1]。已默者，静也[2]。因其言[3]，听其辞[4]。言有不合者，反而求之[5]，其应必出[6]。言有象[7]，事有比[8]；其有象比[9]，以观其次。

[注释]

1 动：动态。

2 静：静态。

3 因：顺着，根据。

4 因其言，听其辞：根据对方所言来判断言后之意。陶宏景注："以静观动，则所见审；因言听辞，则所得明。"

5 求：探寻，探求。

6 应：反应。陶宏景注："谓言者或不合于理，未可即斥，但反而难之，使自求之，则契理之应，怡然自出。"

7 象：形象。这里指语言可以模拟的形象，用象征性修辞来说明事理。

8 比：类比，同类事物。

9 其有象比：俞樾《读书余录》认为，"其"当作"既"。陶宏景注："应理既出，故能言有象，事有比。前事既有象比，更当观其次，令得自尽。象谓法象，比谓比例。比，谓类比也。"

[译文]

别人在讲话，是动；我不言，是静。要根据对方说的话，了解其言辞所透露出来的真实想法。如果对方话语与实情不合，就反向诘难，必能使对方说出实情。语言可以有模拟的形象，事物一定有可供类比的先例。有了象征和类比，就可以从中观察对方下一步的言行意图。

象者，象其事。比者，比其辞也。以无形求有声。其钓语合事[1]，得人实也。若犹张置网而取兽也[2]。多张其会而司之[3]，道合其事[4]，彼自出之，此钓人之网也。常持其网驱之[5]。其言无比[6]，乃为之变。以象动之[7]，以报其心[8]，见其情，随而牧之[9]。

[注释]

1 钓语：如钓鱼投饵般诱导对方说出实情的启发性的语言。陶宏景注："得鱼在于投饵，得语在于发端。发端则语应，投饵则鱼来。故曰钓语。语则事合，故曰合事。明试在于敷言，故曰得人实也。"

2 若犹：犹如。罝：原指捕兔子的网。取：猎获。

3 会：会集，指野兽经常出没的地方。司：通"伺"，伺候。

4 道：能言善道，此处指说人之法恰如其分。陶宏景注：

“张网而司之，彼兽自得；道合其事，彼理自出。言理既彰，圣贤斯辨，虽欲自隐，其道无由，故曰钓人之网也。”

5 驱之：驱使对方。

6 其言无比：若遇对方言辞中没有用来作类比推理的信息。陶宏景注：“持钓人之网，驱令就职事也。或乖彼，遂不言无比。如此则为之变。变常易网，更有以象之者也。”

7 以象动之：用寓言或其他形象化的手法来打动其内心。

8 报：应合。

9 牧：牧养。俞樾《读书余录》认为，此“牧”字，当训“察”，引申为观察、控制。陶宏景注：“此言其变也。报，犹合也。谓更开法象以动之。既合其心，则其情可见，因随其情而牧养之。”

[译文]

所谓“象”，就是用语言象征所要表达的某种事物；所谓“比”，就是用言辞反映可供类比的先例。利用象、比手法，可于无形中得到有声的言辞回应。启发诱导的话如果符合事理，就可使对方回应，从而了解到他的实际情况。这就好像设网去捕捉野兽，只要在野兽出没频繁的地方多张几张网，伺察等候着，就一定能捕捉到野兽。如果针对对方的方法适合事理，对方当然会自己说出一切，这就是一张钓人的网。经常拿着这张网驱使对方入网。如果遇对方言辞中没有用来作类比推理的信息，就改变方法来应对。用形象的语言打动对方，投合他的内心想法，了解他的真情，从而控制住他。

己反往，彼覆来[1]，言有象比，因而定基[2]，重之[3]，袭之[4]，反之，覆之[5]，万事不失其辞。圣人所诱愚智[6]，事皆不疑。

［注释］

1 己反往，彼覆来：发出揣测言辞，对方回应，如此多次翻来覆去。反往、覆来：反复交谈试探，了解对方。陶宏景注："己反往以求彼，彼必覆来而就职，则奇策必申。故言有象比，则口无择言，故可以定邦家之基也。"

2 定基：确定基本策略。

3 重：重复。

4 袭：因袭。《左传·哀公十年》曰："事不再令，卜不袭吉。"袭就是重复的意思。

5 反、覆：反反复复。陶宏景注："谓象比之言，既可定基，然后重之，袭之，反之，覆之，皆谓再三详审，不容谬妄，故能万事允惬。无复失其辞者也。"

6 诱：诱导。陶宏景注："圣人诱愚，则闭藏之，以知其诚；诱智，则拨动之，以尽其情。咸得其实，故事皆不疑也。”

［译文］

发出揣测言辞，对方应答，彼我双方，一来一往，反复交谈。语言多用象征比喻的修辞，又有可供比较参考的先例。如此一来，就可以确定对方的行动意图，己方也因此能确定应对之谋略。然后，反复几次，周密考究，那么做任何事物就不会因语言失实而招致失败。圣人诱导愚人和智者的方法不同，但都可以遂顺通畅，确定无疑地取得成功。

故善反听者[1]，乃变鬼神以得其情[2]。其变当也[3]，而牧之审也[4]。牧之不审[5]，得情不明。得情不明，定基不审。变象比，必有反辞[6]，以还听之[7]。欲闻其声，反默[8]；欲张，反敛；欲高，反下；欲取，反与[9]。欲开情者[10]，象而比之，以牧其辞。同声相呼，实理同归。或因此[11]，或因彼，或以事上[12]，或以牧下[13]。此听真伪[14]，知同异，得其情诈也[15]。动作言默[16]，与此出入[17]；喜怒由此，以见其式[18]。皆以先定[19]，为之法则。以反求覆[20]，观其所托[21]。

［注释］

1 反听：从正反各方面了解。道家认为，反听是关闭耳目，用心感知。

2 变鬼神：鬼神不测的变化。情：内心情意。陶宏景注：“言善反听者，乃坐忘遗鉴，不思玄览，故能变鬼神以得其情，洞幽微而冥会。夫鬼神本密，今则不能。故曰变也。”

3 当：恰当，适当。

4 牧：这里与“察”同义，就是进行调查并加以阐明。陶宏景注：“言既变而当理，然后牧之道审也。”

5 审：详细，详尽。

6 变象比，必有反辞：纵横家在游说时，根据实际需要变化所言的形象或事理的比喻，对方必定随之有诘难之辞，我方则从其反馈回来的信息中得到对方的真情。

7 还：返回。陶宏景注：“谓言者于象比有变，必有反辞以难之，令其先说，我乃还静以听之。”

8 反：相反。

9 与：给予。陶宏景注：“此言反听之道，有以诱致之。故欲闻彼声，我反静默；欲彼开张，我反敛敛；欲彼高大，我反卑下；欲彼收取，我反施与。如此，则物情可致，无能自隐也。”

10 开情：开诚布公，吐露真情。陶宏景注：“欲开彼情，先设象、比而动之；彼情既动，将欲生辞，徐徐牧养，令其自言。譬犹鹤鸣于阴，声同必应。故能以实理相归也。”

11 因：顺着。

12 上：上司，君主。

13 牧：驾驭。下：下属，属民。陶宏景注："谓所言之事，或因此发端，或因彼发端，其事有可以事上、可以牧下者也。"

14 此：指以上所说的这些方法。

15 情诈：真诚与伪装。反听之法可以听出真伪、知道异同，得知对方是真诚还是欺诈。陶宏景注："谓真伪、同异、情诈，因此上事而知也。"

16 动作言默：一举一动，一言一静。

17 与此出入：都体现了此规律。

18 见：体现。式：模式。《说文》曰："法也。"陶宏景注："谓动作言默，莫不由情与之出入。至于或喜或怒，亦由此情以见其式也。"

19 先定：预先定下的方法。陶宏景注："谓以上六者，皆以先定于情，然后法则可为。"

20 覆：回复。

21 观其所托：观察出对方的情感或理论所寄托之处。托：凭借，寄托。陶宏景注："反于彼者，所以求覆于此，因以观彼情所托，此谓信也。"

[译文]

古代那些善于从反面听取言论的人，能够以鬼神变化莫测的方式获取真实情况。应变策略得当，观察就会非常详细。如果观察不详尽，得到的情况就不明确；得到的情况不明确，决定的基本策略就不周详。根据需要变换所言之形象或事理的类比，对方必定随之有诘难之辞，自己回过头来听下去，以观察其真实情况和意图。想要听到对方的声音，自己反而要沉默；想要张开，反而先收敛；想要向上，反而先下降；想要取得，反而先给予。想要使对方开诚相见，要先描绘同类事物之形象，或列举历史上同类事例作类比，从而诱导对方发言。相同的声音自然会彼此呼应，相同的事物必然证实相同的道理。

所谈的事情或者顺着这种道理，或者顺着那种道理，有的宜于侍奉君长，有的用来管理臣下。这就是听话可以听出真伪，知道异同，得知对方是真诚还是欺诈的方法。

一举一动、一言一默、一喜一怒，都要通过这种途径，并体现和遵从反听这种规则。以上一切，都要预先定下恰切的方略为法则。通过反复的言辞试探，求得对方回复，再观察分析他所寄托的实情。

故用此者，己欲平静[1]，以听其辞，察其事，论万物，别雄雌[2]。虽非其事，见微知类[3]。若探人而居其

内[4]，量其能，射其意也[5]；符应不失[6]，如螣蛇之所指[7]，若羿之引矢[8]。故知之始己，自知而后知人也[9]。其相知也[10]，若比目之鱼[11]；其伺言也[12]，若声之与响[13]；其见形也[14]，若光之与影；其察言也不失，若磁石之取针[15]；舌之取燔骨[16]。其与人也微[17]，其见情也疾[18]；如阴与阳[19]，如阳与阴；如圆与方[20]，如方与圆。未见形，圆以道之[21]；既见形，方以事之[22]。进退左右[23]，以是司之[24]。己不先定，牧人不正[25]；事用不巧，是谓忘情失道[26]。己审先定以牧人，策而无形容[27]，莫见其门，是谓天神[28]。

［注释］

1 欲：要。

2 雌雄：高下、强弱。陶宏景注："知人在于见情。故言用此也。谓听言之道，先自平静。既得其辞，然后察其事，或论序万物，或分别雌雄也。"

3 见微知类：从微小的征兆上就可以推断出同类事物的本质或规律。陶宏景注："谓所言之事，虽非时要。然观此可以知微。故曰见微知类。"

4 内：内心。

5 射：此处指探测。

6 符应不失：用这种方法得到的情况，就会像符契一样切合实际。符：符节，古代朝廷传达信息、调兵遣将的凭证物。用竹木或金属制作，刻上文字记号，分为两半，君王和出征的将军各执一半，调兵时验证两半是否相吻合。陶宏景注："闻其言，则可知其情，故若探人而居其内，则情原必尽。故能量能射意，乃无一失，若合符契。"

7 螣蛇：传说中的一种神蛇，会飞。古人认为它可为人占卜吉凶祸福。

8 羿：后羿，传说中的射日英雄。陶宏景注："螣蛇所指，祸福不差；羿之引矢，命处辄中。听言察情，不异于此，故以相况也。"

9 始己：从自己开始。陶宏景注："知人者智，自知者明。智从明生，明能生智。故欲知人，必须知己。"

10 相知：彼此了解。

11 比目鱼：据说这种鱼类只有一只眼睛，两条鱼必须并行，才能活动。常用以比喻相互了解、亲密无间。陶宏景注："我能知己，彼须我知，必两得之，然后圣贤道合，故若比目之鱼。"

12 伺：观察，侦候。

13 响：音，回声。

14 见形：发现对方的情形。陶宏景注："圣贤合则理自彰，犹光生而影见。"

15 磁石：吸铁石。

16 燔骨：炙肉中的骨头。陶宏景注："以圣察贤，复何所失？故若磁石之取针，舌之取燔骨。"

17 微：微小。

18 见：通"现"。陶宏景注："圣贤相与，其道甚微；不移寸阴，见情甚疾。"

19 与：相互配合。

20 圆方：代表圆融与方正。陶宏景注："上下之道，取类股肱，比之一体，其来尚矣。故其相成也，如阴与阳；其相形也，犹圆与方。"

21 圆：圆转灵活。道：引导。

22 方：既定的方法。事：处理。陶宏景注："谓向晦入息，未见之时，当以圆道导之；亦既出潜离隐，见形之后，即以方职任之。"

23 进退左右：这里是指用人之道，不论前进还是后退，升迁还是隐退。圆方：这里指圆与方的道理。

24 司：掌控，主管。陶宏景注："此言用人之道，或升进，或黜退，或贬左，或崇右。一惟上圆方之理。故曰以是道司之。"

25 牧：统御，管理。陶宏景注："方圆进退，若不先定，则于牧人之理不道其正也。"

26 忘情失道：忘却真情偏离正道。陶宏景注："用事不巧，则操末续颠，圆凿方枘，情道两失。故曰忘情失道也。"

27 策而无形容：于无形之中驱策别人达到成功。

28 天神：谋略高深如同天神般的圣人。陶宏景注：“已能审定，以之牧人。至德潜畅，玄风远扇，非形非容，无门无户。见形而不及道，日用而不知。故谓之天神也。”

[译文]

使用这种方法，自己要平心静气来听对方的言辞，察明事理，探讨万事万物，分辨势力强弱。因此，即使不是同一事物，也可以凭借微小的征兆推知同类的情况。这就好像要想了解别人而钻到他的内心一样，从中掂量他的才能，洞悉他的想法，就会跟符节一样相合，不会发生差误。又会像螣蛇占卜吉凶祸福一样，分毫不差；像后羿一样，开弓射箭，准确无误。

所以说，要认识别人。首先从认识自己开始。只有先认识自己，才能认识他人。双方互相了解，志同道合，就好像比目鱼一样紧密相随。

能够及时准确掌握对方的言辞，就好像发出声就会有回音一样相符；能够及时准确掌握对方的表现，就好像物在光线下就会出现阴影一样。审察分析对方的言论，就好像用磁石去吸铁针一样不会发生差错，又好像用舌头去剥离已经烤熟的肉中的骨头一样容易。他与人打交道，透露给人的信息很微小，发现情况，洞察真情却敏锐迅速。有时阴柔变阳刚，有时阳刚变阴柔，有时阴柔与阳刚结合使用；有时圆融，有时方正，有时方正与圆融相互协调搭配。在对方的基本情形尚不明朗时，就采用圆转灵活之道来诱导他：如果基本情况已经清楚，就用既定的方略处理事情。

用人之道，无论进、退、左、右，都要坚守圆方进退之道。自己不先确定圆方进退之策，就不能公正有序地统御别人，这叫作“忘情失道”；自己先有定见，再去驾驭、支配别人，策略巧妙而不露形迹，没有人能懂得其中的奥妙，达到这种境界的人，可称之为“天神”。

[评析]

反应是捭阖的更进一层，捭阖阶段是基本的规律和纲领，说的是从事游说的种类和方法，概括地阐述了如何去达权知变，顺应环境的变化，以及说服别人的基本的原则。而这一篇是更全面、辩证、历史地看问题，需要运用渊博的知识，灵活多变的头脑，善于把握说话的技巧。

“大道无形。”上古圣人行事能不拘泥于具体形态，如羚羊挂角，知古今，知彼此，知动静和虚实。

如何能达到那种境界？要善于利用语言以及语言所引起的反应。语言对现实具有模拟作用。从言辞入手，通过反复辩论，来探索真相。要像用网捕猎一样捕捉对方言辞，掌握对方的动静和虚实。

善于从反面听取别人言论、听取话中话的人，可以通鬼神。反，反过来站在对方立场看问题；覆，站在对方立场看问题后，再审察自己现在的做法。从正反两个方面反复论证，才能成功。

在对话中，把模仿和类比灵活运用，说反话，观察对方的反应。想要讲话，反而先沉默；想要敞开，反而先收敛；想要升高，反而先下降；想要获取，反而先给予，通过各种情况反馈了解对方的内情。

“知人始于知己。”同样的人，遇到同样的事情，会有同样的想法。因此，你要想知道对方此时怎么想的，你要把自己置于对方的立场当中。你会怎么想，你会怎么做，他和你想的是一样的。“圣人之意，不可不察”，想与人沟通，必要学会设身处地站到对方立场当中去体会。鬼谷子把它叫作“得其情者，制其术”。了解他的真情实意，了解他的真实想法，你才能够真正地掌控他。

鬼谷子为纵横家之鼻祖。其学生苏秦、张仪凭三寸不烂之舌，游走六国，深得语言的技法，得此章之妙。

内楗第三

君臣上下之事，有远而亲，近而疏[1]；就之不用，去之反求[2]；日进前而不御[3]，遥闻声而相思[4]。事皆有内楗[5]，素结本始[6]。或结以道德[7]，或结以党友[8]，或结以财货[9]，或结以采色[10]。用其意[11]，欲入则入[12]，欲出则出[13]；欲亲则亲，欲疏则疏；欲就则就，欲去则去；欲求则求，欲思则思。若蚨母之从子也[14]，出无间[15]，入无朕[16]，独往独来，莫之能止。

［注释］

1 远而亲，近而疏：看似疏远，其实极亲密；看似亲密，实则疏远。亲疏：指情感或信任程度。陶宏景注："道合，则远而亲；情乖，则近而疏。"

2 就之不用，去之反求：就：靠近。用：任用。去：离开。求：寻求，征召。陶宏景注："非其意，则就之而不用；顺其事，则去之而反求。"

3 日：每天。御：通"迓"（yà），欢迎，迎接。《尔雅》曰："迓，迎也。古本皆作讶。"

4 相思：思念。陶宏景注："分违，则日进前而不御；理契，则遥闻声而相思。"

5 内楗：内心思想相合如锁一般紧密。楗：门上关插的木条，横的叫"关"，竖的叫"楗"。楗：借喻为锁。

6 素：平素，平时。结：建立关系。本始：本来，开始。陶宏景注："言或有远之而相亲、去之反求、闻声而思者，皆由内合相持，素结其始。故曰皆有内楗、素结本始也。"

7 或：有的。

8 党友：朋党。

9 财货：钱财、货物。

10 采：采邑，指封地。色：美色，一说声色娱乐。陶宏景注："结以道德，谓以道德结连于君，若帝之臣，名为臣，实为师也；结以党友，谓以友道结连于君，王者之臣，名为臣也，实为友也；结以财货，结以采色，谓若桀纣之臣，费仲、恶来之类是也。"

11 用其意：运用以上这种方法。

12 入：进入。

13 出：外出。陶宏景注："自入、出以下八事，皆用臣之意，随其所欲，故能固志于君，物莫能间也。"

14 蚨：昆虫名，指青蚨。

15 间：间隙。

16 朕：征兆。陶宏景注："蚨母，似蜘蛛。在穴中，有盖。言蚨母养子，以盖覆穴，出入往来，初无间朕，故物不能止之。今内楗之臣，委曲从君以自结固，无有间隙，亦由是也。"

［译文］

君臣之间的关系很复杂微妙。有的貌似疏远，感情上却很亲密；有的看似亲近，实际上却彼此很疏远。有的人主动投奔却不被任用，有的人离任以后却又被征召。有的天天就在君主身前，却不受喜欢；有的远在天边，君主却遥闻其名思念不已。所有这一切情况，都是由于所进献的主张跟君王的思想感情是否相合所造成的。这源于君臣之间结交的基础不同，或靠道德彼此结合，或因志同道合而结交，或靠钱财物质结交，或靠赏赐采邑谋取忠心，或进献美色、玩物来赢君欢心。能够运用以上这些方法去结交他，那么想进就可以进，想出就可以出；想亲近就可以亲近，想疏远就可以疏远；想接近就可以接近，想离开就可以离开；想得到征召就可以得到征召，想被思念就可以被思念。这种关系就好像青蚨母子形影不离一样，无论出入，都没有间隙。自由往来，没有谁可以阻止。

内者，进说辞也[1]；楗者，楗所谋也[2]。欲说者，务隐度[3]，计事者，务循顺[4]。阴虑可否，明言得失，以御其志[5]。方来应时[6]，以合其谋[7]。详思来楗，往应时当也[8]。夫内有不合者，不可施行也[9]。乃揣切时宜[10]，从便所为[11]，以求其变。以变求内者，若管取楗[12]。言往者，先顺辞也[13]；说来者，以变言也[14]。善变者，审知地势，乃通于天，以化四时，使鬼神，合于阴阳，而牧人民[15]。

[注释]

1 内者，进说辞也：进言，就是要把话说到对方的心里去。

2 楗所谋：使谋略与对方契合如锁与钥匙紧密贴切。陶宏景注："说辞既进，内结于君，故曰内者进说辞也；度情为谋，君必持而不舍，故曰楗者楗所谋也。"俞樾《读书余录》曰："内，读为纳。一内楗者，谓纳楗于管中。"

3 欲说者，务隐度：纵横家游说时，应先暗中揣度对方之心思意图。隐度：暗中揣测，估量。度：审度。陶宏景

注：“说而隐度，则其说必行。”

4 计事者，务循顺：为人筹谋应顺着对方之意愿去设计。因为出谋划策是为解决君主面临的问题，而在采纳建议中，君主是主动者，故在献策时要顺从君主心意，引发他的兴趣，建立信赖感，从而让君主采纳谋划。循顺：循着对方的性情意图，顺着固有的规律。陶宏景注：“计而循顺，则其计必用。”

5“阴虑可否”这三句：自己先私下里认真思虑自己的进言是否可行，再向君王阐明其利弊得失，以此来迎合君主的意图志向。阴虑：私下里思虑。明言：讲在当面。陶宏景注：“谓隐虑可否，然后明言得失，以御君志也。”

6 方来应时：计谋方略要顺应时宜。方：方略。应时：顺应时宜。

7 以合其谋：以便与君主之谋划相合。

8 详思来楗，往应时当也：首先审慎考虑建立同君主的稳固关系，然后再考虑拟献的方略计谋是否顺应时宜、合乎君王的心意。

9 夫内有不合者，不可施行也：意谓如果策士进献建议或者计谋不能切合国君内心，那么就不可能得以实行。内：建议。施：措施。陶宏景注：“计谋不合于君，则不可施行也。”

10 揣切：揣测，切摩。时宜：时机是否合适。

11 从便所为：从有利于实施的方便处着手。陶宏景注："前计既有不合，乃更揣量切摩当时所为之便，以求所以变计也。"。

12 以变求内者，若管取楗：纵横家若能随机而变，那么打开君心就像钥匙开锁一样容易。管：钥匙。楗：锁。陶宏景注："以管取楗，楗必离；以变求内，内必合。"

13 顺辞：顺乎君主之心的言辞。

14 变言：留有余地、随机应变的言辞。陶宏景注："往事已著，故言之贵顺辞；来事未形，故说之贵通变也。"

15 善变者：善于随机应变的人。陶宏景注："善变者，谓善识通变之理，审知地势则天道可知。故曰乃通于天。知天则四时顺理而从化，故曰以化四时。鬼神者，助阴阳以生物者也，道通天地，乃能使鬼神，合德于阴阳也。既能知地通天，化四时，合阴阳，乃可以牧养人民。"

［译文］

所谓"内"，就是进言要能够深入君主的内心；所谓"楗"，就是使自己进献的谋略与君主相合如钥匙与锁一样紧密。因此，纵横家游说时，应先暗中揣度对方意图；献计时，应顺着对方的意愿。暗中先认真分析事情可否，再明言利弊得失，以此来迎合君主的思想意志。计谋方略要顺应当前的形势，以便与君主之谋划相吻合。但首先要审慎考虑同君主建立起的稳固关系，然后再考虑拟献的方略计谋是否合乎时宜，以及君王的心意。

如果进献的计谋不合乎君王的心愿，就不可能被采纳并付诸实践。这就需要反复揣度，适应实际情况，选择适当时机，及时调整变通。如此就能更合君心，这样以变通的方法求得君主的采纳，就会像钥匙开锁那样容易。在游说中涉及已发生的事件，要用“顺辞”，即顺从君主心意的言辞，如此方能取得君主好感，博得君主信任；涉及还未发生的事件时，要用“变言”，即有变通余地，免得将来事件发生后，与自己所言不合，从而失去君主的信任。

善于应变的人能够审时度势，通地利形势，以化育四时；役使鬼神，符合阴阳变化的规律，从而牧养天下百姓。

见其谋事[1]，知其志意[2]。事有不合者[3]，有所未知也[4]。合而不结者，阳亲而阴疏[5]。事有不合者，圣人不为谋也[6]。故远而亲者，有阴德也[7]；近而疏者，志不合也。就而不用者，策不得也[8]；去而反求者，事中来也[9]。日进前而不御者，施不合也[10]；遥闻声而相思者，合于谋待决事也[11]。

[注释]

1 谋事：谋划大事。

2 志意：志向，意图。陶宏景注：“其养人也，必见其谋事而知其志意也。”

3 事：谋划之事。

4 未知：不知道，不了解。如果所献计谋不合对方的心意，那是对对方的有些情况还不够了解。陶宏景注：“谓知之即与合，未知即不与合也。”

5 阳亲而阴疏：表面上关系亲近，实际上其内心并不以为然。阳：表面。阴：内心。

6 事有不合者，圣人不为谋也：圣人谋与君主，必须要内心深度认同，彼此信赖，如果不能深结于君，就不去作谋划。陶宏景注：“不合，谓圆凿而方枘。故圣人不为谋也。”

7 阴德：双方的思想情感暗合。陶宏景注：“阴德，谓隐私相德也。”

8 策不得：策略不适当。

9 事中来：所谋划的事情被后来的情况应验。陶宏景注：“谓所言当时未合，事过始验，故曰事中来。”

10 施：措施。

11 待：期待。陶宏景注：“谓所行合于己谋，待之以决其事。故曰遥闻声而相思也。”

［译文］

纵横家在给君主谋划大事时，必须洞悉君主的意愿和志趣。如果提出的方略计谋不合君主的意图，与君主的观点不一致，那原因就在于对君主的有些情况还不够了解。如果提出的方略计谋能够合乎君主的心意，却仍然得不到采纳和实施，那么就可推断君臣关系只是表面上看起来亲密，实际上内心却有很大的距离。如果进献的计谋与君主的心意并不吻合，圣贤之人也不会再为其谋划的。因此，外表疏远而思想情感亲密的，思想一定暗合；表面亲近而思想疏远的，一定是彼此志向不同。亲近时反而不被重用，是因为对事情的预测及计策不适当，不被君主看好；离去反而求他回来，是因为其谋划之事后来应验了。每天出现在君主面前却不受欢迎，一定是建议措施不合君主之意；远远听到讯息就想念的，一定是谋略思想相合，期待他前来决断大事。

故曰：不见其类而为之者[1]，见逆[2]。不得其情而说之者，见非[3]。得其情乃制其术[4]，此用可出可入[5]，可楗可开。

[注释]

1 类：同类事物，共同点。

2 见逆：事与愿违。

3 见非：遭到非议和拒绝。陶宏景注：“言不得其情、类而说之者，必北辕适楚。陈轸游秦，所以见非逆也。”

4 情：真实情况。制：制定，实现。术：谋略，主张。陶宏景注："得其情，则鸿遇长风，鱼纵大壑，沛然莫之能御，故能制行其术也。"

5 此用：用此，即使用这种方法。陶宏景注："此用者，谓得其情也，则出入自由，楗开任意也。"

[译文]

所以说，凡是不了解同类情况的解决办法便贸然行事，就一定会遭到拒绝；凡是不了解内心想法便进行游说，就一定会被人非议或非难。只有充分了解到真情，才能制定并实现自己的谋略。使用这种办法可以进，可以出；可以进谏献谋，也可以全身而退。

故圣人立事[1]，以此先知而楗万物[2]。由夫道德[3]、仁义、礼乐、忠信、计谋。先取《诗》《书》[4]，混说损益[5]，议论去就。欲合者用内，欲去者用外[6]。外内者，必明道数[7]。揣策来事，见疑决之。策无失计[8]，立功建德。治名入产业[9]，曰楗而内合。上暗不治，下乱不寤[10]，楗而反之[11]。内自得而外不留说[12]，而飞之[13]，若命自来[14]，己迎而御之[15]。若欲去之，因危与之[16]。环转因化[17]，莫知所为，退为大仪[18]。

［注释］

1 立事：处理事务，做成事。

2 以此先知而楗万物：以“得其情”而预先认识把握万事万物。此：指上文提到的“得其情”。陶宏景注：“言以得情立事，故能先知可否。万品所以结固而不离者，皆由得情也。”

3 由：通过，由此经过。陶宏景注：“由夫得情，故能行其仁义、道德以下事也。”

4 诗：《诗经》。书：《尚书》。取：引用。战国时代，在外交、游说场合，纵横策士往往引用《诗经》《尚书》中的内容，用来作为说服别人的论据。

5 损益：删减与增加，这里指斟酌、推敲。陶宏景注：“混，同也。谓先考《诗》《书》之言，以同己说。然后损益时事，议论去就也。”

6 欲合者用内，欲去者用外：如果是想要取得君主的信任与合作，就要在掌握君主内心方面下功夫；如果无意取得君主的信任宠幸，就不必迎合君主的内心。合：合于君主的心意。内：内心。陶宏景注：“内谓情内，外谓情外。得情自合，失情自去，此盖理之常也。”

7 道数：事物发展的规律。陶宏景注：“言善知内外者，必明识道术之数，预揣来事，见疑能决也。”

8 失计：失算，发生失误。陶宏景注：“既能明道术，故策无失计；策无失计，乃可以立功建德也。”

9 治名：辨析名分，指确立君臣的职分、规矩，并辅助君主治理民众。入产业：百业兴旺，安居乐业。陶宏景注：“理君臣之名，使上下有序，入赋税之业，使远近无差。上下有序，则职分明；远近无差，则徭役简。如此，则为国之基。故曰楗而内合也。”

10 上：君上。暗：昏庸。不治：不料理政务。下：臣下。寤：通“悟”。

11 楗而反之：谋略被拒绝，君臣内情不相契合。陶宏景注：“上暗不治其任，下乱不寤其萌。如此，天下无邦，域中旷主，兼昧者可行其事，侮已者由是而兴，故曰楗而反之。”

12 自得：自鸣得意。不留说：不接受别人的主张。

13 飞：“飞箝”（本书第五篇）之术。陶宏景注：“言自贤之主，自以所行为得，而不留贤者之说，如此者，则为作声誉而飞扬之，以钓观其心也。”

14 命：诏令。

15 迎而御之：迎而接受。陶宏景注：“君心既善已，必自有命来召己；即迎而御之，以行其志。”

16 危：危险，危害。陶宏景注：“翔而后集，意欲去之，因将危与之辞矣。”俞樾《读书余录》云：“危，读为诡。古字诡与危通。”

17 环转因化：根据对方的变化而变化，像圆环转动一样灵活。

18 退：隐退。仪：法则。陶宏景注："去就之际，反复量宜，如圆环之转，因彼变化，虽傍者不知所为。如是而退，可谓全身大仪。大仪，大法，基本法则。"

[译文]

因此，圣人立身处事，都是预先洞悉全面情况，从而控制驾驭世间万物。若向国君进献策略，首先要从道德、仁义、礼乐、忠信、计谋等途径着手，来达到自己的目的。

首先吸收和引用《诗经》《尚书》中的内容，做些增删来佐证自己的观点，综合分析利弊得失，再进一步研讨是去是留。如果想要取得君主的信任与合作，就要在掌握君主心理方面下功夫；如果无意取得君主的信任宠幸，就不必迎合君主的内心。总之，无论是内还是外，都一定要明白处理事务的规律和方法，做到世事洞明，人情练达，这样才可以揣测筹谋未来之事，发现疑难，及早决断。

策略上没有失误之处，就可以建功立业，积累德行。分清名分，确立上下秩序；使国富民强，百业兴旺，这叫作"楗而内合"，即思想相吻合、谋略被采用的结果。

如果君主昏庸不理政事，臣下胡乱行事而不醒悟，那么进献谋略就会遭到拒绝，自己要反身隐退。这叫作"楗而反之”。如果君主自鸣自得而不接纳别人的建议，就使用“飞箝之术”，即放出恭维赞扬的话语而赢得对方的信任。

如果君主有命令来起用自己，就接受任命，施智展才，这就是“迎而御之”。如果想要离开，就说自己继续待下去将会危害到他。这就是“因危与之”。总而言之，要做到像圆环一样灵活转动，顺应对方情势的变化，让人弄不清自己真实的意图。能全身而退，也往往是一种保全自己的大法。

[评析]

本篇意为向君主进献说辞，要深入君主的内心世界，了解他，赢得他的心，使之采纳自己的意见，建立信任关系，就像锁和钥匙一样，亲密无间。陶宏景注：“揵者，持之令固也。言君臣之际，上下之交，必内情相得，然后结固而不离。”

本篇主要从分析君臣之间复杂的关系入手，讲述与君王打交道、献谋略的方法和原则。由于君臣之间关系复杂，“有远而亲，近而疏；就之不用，去之反求；日进前而不御，遥闻声而相思”，君王的内心深如大海，难于揣摩，而且手握生杀大权，富贵贫贱全在君主一念之间，正所谓伴君如伴虎。因为如此，才需要“内楗”之法。

关于运用“内楗”之法的原则，主要有以下四点：

其一，推测揣摩，顺乎自然的原则。“欲说者务隐度，计事者务循顺。”隐度，就是暗中揣摩。循顺，就是顺乎自然。换言之，就是进言献计，都要与对方的心愿和当时的形势相合拍。这种合拍，是一个一而再，再而三，小心翼翼地试探揣摩的变异求同的过程。如果不了解对方的内心，往往会事与愿违。所谓“不见其类而为之者，见逆；不得其情而说之者，见非。得其情，乃制其术”。

其二，内心相合的原则。即使已经得知对方内心的真实想法，但双方的心意不能相投，也不能为之效力合作，即所谓“内有不合者，不可施行也”。只有双方心意相合，彼此认同一致，才能构建稳固的亲密关系，成事建功。

其三，合乎事宜的原则。即使双方志同道合，彼此信任，也要权衡时局，揣摩人心，相机行事。所谓“乃揣切时宜，从便所为，以求其变”，才能如钥匙开锁一样简单。即“以变求内者，若管取楗”。

其四，明理审势，见多识广的原则。圣人立身处世，都以自己的先见之明来议论万事万物。其先见之明源于道德、仁义、礼乐、忠信和计谋。首先从《诗经》《尚书》中，引经据典充分论证，再综合分析利弊得失，最后讨论就任还是离开。处理内外大事必须明确理论和方法。要预测未来的事情，就要善于在各种疑难面前临机决断，不断建立功业和积累德政。

抵巇第四

物有自然[1]，事有合离[2]。有近而不可见[3]，远而可知[4]。近而不可见者，不察其辞也；远而可知者，反往以验来也[5]。巇者，罅也[6]。罅者，涧也[7]。涧者，成大隙也。巇始有朕[8]，可抵而塞[9]，可抵而却[10]，可抵而息[11]，可抵而匿[12]，可抵而得[13]。此谓抵巇之理也。

［注释］

1 物有自然：万物都有自己运行的规律。李善《文选注》云："鬼谷子曰：物有自然。"

2 合：吻合。离：背离。陶宏景注："此言合离，若乃自然之理。"

3 见：看见。

4 知：了解。

5 反往以验来：反观以往以预测将来。反：通“返”。往：过去。来：未来。陶宏景注：“察词观情，则近情可见；反往验来，则远事可知。古，犹今也。故反考往古，则可验来。故曰反往以验来。”

6 罅（xià）：缝隙，这里指小空隙。

7 涧：山间的峡谷，这里指中等的缝隙。陶宏景注：“隙大则崩毁将至，故宜有以抵之也。”

8 朕（zhèn）：先兆，预兆。

9 抵：抵消。塞：堵塞。

10 却：退却。

11 息：平息。

12 匿：隐藏。

13 得：取得，取代。陶宏景注：“朕者，隙之将兆，谓其微也。自中成者，可抵而塞；自外来者，可抵而却；自下生者，可抵而息；其萌微者，可抵而匿；都不可治者，可抵而得。深知此五者，然后善抵巇之理也。”

[译文]

万事万物都有自身运行的规律，事物在发展过程中也有自然离合的变化。有时彼此距离很近，却互相不了解；有时相距很远，却彼此相知。距离近而互相不了解，是因为没有互相考察言辞；距离远却能彼此相知，是因为反观已往，而推知未来。

所谓“巇”，就是裂缝的意思，裂缝不及时堵塞，就会成为大裂缝，使得事物崩溃。裂缝开始发生时是有征兆的，可以采取不同的措施对待它：内部而起的，堵塞它；外部出现的，击退它；下层出现的，平息它；上层出现的，保密隐藏不外泄；如果事情发展得已经无法挽救，就用新的事物来取代它。这就是抵巇的道理。

事之危也[1]，圣人知之，独保其用[2]。因化说事[3]，通达计谋，以识细微。经起秋毫之末[4]，挥之于太山之本[5]。其施外兆萌芽蘖之谋[6]，皆由抵巇。抵巇之隙，为道术。

［注释］

1 危：危险的征兆。陶宏景注：“形而上者，谓之圣人。故危兆才形，朗然先觉。”

2 独保其用：圣人能发挥独特的作用。

3 因化说事：顺应事物变化规律来分析事物。细微：危机的先兆。陶宏景注：“既明且哲，故独保其用也。因化说事，随机逞术，通达计谋，以经纬识微，而预防之也。”

4 经：经始，开始。秋毫之末：细微的事物。秋毫：秋天鸟刚换的毛最细小，称“秋毫”。末：末端。

5 挥：动，这里指发展。太山：大山。本：根本，根基。陶宏景注：“汉高祖以布衣登皇帝位，殷汤由百里驭万邦。经：始也。挥：动也。”

6 施外：指圣人向外发挥作用。施：推行。兆萌：萌芽的征兆，微小的征候。芽蘖：小嫩芽。陶宏景注：“言化政施外、兆萌芽蘖之时，托圣谋而计起。盖由善抵巇之理，故能不失其机。然则巇隙既发，乃可行道术。故曰抵巇隙为道术也。”

［译文］

事物出现危险征兆时，圣人就能先行察觉。他能独自保持清醒认识，发挥独特的作用，根据变化之道来分析事物，陈说利害，因而能通达计谋，辨明事物的细微之处。

事物的变化，开始时都微小得像秋毫之末；逐渐发展起来，就像大山的山脚那样巨大。圣人把他的智谋用于处理外界情况时，不管征兆如何细微，都要运用“抵巇”的原理。这种抵巇之术，是圣人处理事情的一个基本的方法。

天下分错[1]，上无明主，公侯无道德，则小人谗贼[2]，贤人不用。圣人窜匿[3]，贪利诈伪者作[4]。君臣相惑[5]，土崩瓦解，而相伐射[6]。父子离散，乖乱反目。是谓萌

芽巇罅。圣人见萌芽巇罅，则抵之以法[7]。世可以治，则抵而塞之；不可治，则抵而得之[8]。或抵如此[9]，或抵如彼[10]；或抵反之[11]，或抵覆之[12]。五帝之政[13]，抵而塞之；三王之事，抵而得之。诸侯相抵[14]，不可胜数。当此之时，能抵为右。

[注释]

1 分错：分裂错乱。

2 谗贼：用卑劣言行挑拨离间，伤害忠良。

3 窜匿：逃跑隐遁。

4 作：兴起。

5 相惑：相互欺蒙。

6 伐射：攻打残杀。陶宏景注："此谓乱政萌芽，为国之巇罅。伐射，谓相攻伐而激射。"

7 抵之以法：运用抵巇的方法予以堵塞。

8 得之：破旧立新。

9 此：指"塞之"。

10 彼：指"得之"。

11 反之：返回原来的状态。"反"，通"返"。

12 覆之：使之覆灭。陶宏景注："如此，谓抵而塞之；如彼，谓抵而得之。反之，谓助之为理；覆之，谓因取其国。"

13 五帝：《史记·五帝本纪》认为是黄帝、颛顼、帝喾、帝尧、帝舜。三王：夏、商、周三代开国的君主，即禹、汤、文王。陶宏景注："五帝之政，世间犹可理，故曰抵而塞之，是以有禅让之事；三王之事，世间不可理，故曰抵而得之，是以有征伐之事也。"

14 诸侯：各个诸侯国的王侯。相抵：互相攻伐兼并。陶宏景注："谓五伯时。右，由上也。"

[译文]

天下分裂错乱，上面没有英明的君主；公侯大臣没有道德，小人当道，毁谤和残害忠良；有能力的人不被任用，圣智的人隐居避乱；贪婪虚伪的人到处兴风作浪，君臣互想欺蒙，国家土崩瓦解，互相攻打残杀。百姓流离失所，妻离子散，反目成仇。这种情况就叫作社会有了裂缝。

圣人见到国家产生了裂缝，就用各种方法来挽救它。如果世道还可以治理，就采取措施堵塞裂缝：如果已经不可挽救，就破旧立新，建立新的体系。或者用这种措施治理，或者用那种措施治理；或者使它返回到原来的状态，或者推倒重来。

五帝之时，世道尚可治理，发现裂缝便及时堵塞，改良新政；夏、商、周三王更代之时，世事已无可救药，就推倒重来，建立新的秩序。历史上诸侯之间攻伐兼并的，数也数不清。每逢此时，善用抵巇之道解决问题的就是值得推崇的人。

自天地之合离终始[1]，必有巇隙，不可不察也。察之以捭阖，能用此道[2]，圣人也。圣人者，天地之使也[3]。世无可抵[4]，则深隐而待时；时有可抵，则为之谋。可以上合[5]，可以检下[6]。能因能循[7]，为天地守神[8]。

[注释]

1 自天地之合离终始：开天辟地以来，万事万物有合有离、有始有终。陶宏景注："合离谓否泰，言天地之道正观，尚有否泰为之巇隙，又况于人乎？故不可不察也。"

2 此道：抵巇之道。陶宏景注："捭阖，亦否泰也。体大道以经人事者，圣人也。"

3 使：使者，指代天行事的人。陶宏景注："后天而奉天时，故曰天地之使也。"

4 世无可抵：世道太平，没有出现裂痕不需要堵塞。

5 上合：与上层合作。

6 检下：查缺补漏，收拾局面。陶宏景注："上合，谓抵而塞之，助时为治；检下，谓抵而得之，束手归己也。"

7 因、循：依随、遵循。

8 守神：把握天地万物的规律。陶宏景注："言能因循此道，则大宝之位可居，故能为天地守其神祀也。"

［译文］

开天辟地以来，万事万物有合有离，也有开始和终结。万事万物都会有裂缝产生，不可以不仔细观察研究。要研究这个问题就要运用捭阖之道，能够用这个方法来研究处理事物的人，就是圣人。

圣人是体现天地自然之道的使者。世上没有什么裂缝可处理，他们便归隐以待时；一旦时代需要他们出手拯救，他们就挺身而出，为之出谋划策。上可与君主合作使天下大治；下也可以查缺补漏，收拾局面。他们能够遵循自然规律而行之以抵巇之道，成为天地的守护神。

［评析］

本篇讲述的是如何洞察事物出现的裂痕（漏洞，预兆），同时采取果断措施加以弥补和利用的问题。

抵，意思是“击”，也有接触的含义。击、接触，都可以引申为处理、利用。巇，是指客体存在的矛盾、弱点和危险。抵巇，就是针对社会所出现的裂缝（各种矛盾与问题）而采取不同的手段：或加以补救，使其恢复原来的状态；或因势利导，建立新的秩序。陶宏景的题解云：“抵，击实也；巇，衅隙也。墙崩因隙，器坏因衅。而击实之，则墙器不败。若不可救，因而除之，更有所营置。人事亦由是也。”颜师古认为，抵巇就是“击其危险之处”。《捭阖》《反应》《内楗》三篇讨论的是具体的游说之术,《抵巇》篇则是讨论游说之士从政的原则和态度。

本篇内容上主要包含抵巇之原理与抵巇之方法两部分:

原理:本篇认为事物的运动总是有离有合,总有缝隙可寻,抵巇乃一种或弥补缝隙、或从缝隙入手破坏事物的处世之术。隙巇普遍存在,天地万物的横向结构和纵向过程中,都会存在内在的弱点和外部的矛盾。存在弱点是就其本质来说,存在矛盾就其关系来说,都有普遍性。问题在于要认识它,并进而利用它。

方法:一要审察"细微"。矛盾或漏洞一开始都会有极细微的征兆,如嫩芽或裂痕即"萌芽巇罅",这种细微的征兆往往是未来的先兆,是深层矛盾的外露。因此,认识细微的征兆就是掌握未来,把握趋势。圣人之所以为圣人,就在于一旦危险的征兆出现,就能及早发现它,并能利用它、改变它。鬼谷子之所以强调善识细微,是因为可通过"秋毫之末"来认识"太山之本",或动摇"太山之本"。说明做事不能盲目,更不能莽撞,不妨从细微处开始,逐步深化,逐渐加强,是谓"天下大事,必作于细"。

二是善于察辞和验实。客观事物有合有离,有终有始,也存在"近而难见""远而可知"的现象,这在于是否善于察辞和验实。言辞会有虚有实,有时会言不由衷,有时只表露某些内在思想的端倪。如果不仔细审察,则虽在眼前,也未必能正确认识。因言知心，关键在于仔细审察。同时，要善于以已经发生的事和可能发生的事来推论验证，不必亲见亲闻亲历，远而可知。

三要察之以捭阖。以捭阖之道，观察、分析事物的动静、阴阳、利弊、好坏、轻重、粗细、宏微，分清主次表里，把握本质。决定是取是舍，是弥补还是利用。因此，抵巇之理和捭阖之道要综合运用。

鬼谷子把抵巇分为五类：一是塞。弱点与矛盾是内部的，就用堵塞的方法补救，此为“抵而塞之”之法。二是却。由外因而产生危机与矛盾，可以采取拒之于外的方法。三是息。由下属引起的，可用平息的方法，不要使之发展。四是匿。弱点与矛盾来自高层，可用掩饰隐匿的方法，不使蔓延。五是得。对于弱点与矛盾已危及根本，不可收拾，干脆推倒重建，此为“抵而得之”之法。

中卷

飞箝第五

凡度权量能[1]，所以征远来近[2]。立势而制事[3]，必先察同异，别是非之语，见内外之辞[4]，知有无之数[5]，决安危之计，定亲疏之事[6]。然后乃权量之[7]，其有隐栝[8]，乃可征，乃可求，乃可用。

［注释］

1 度权量能：估量别人的智慧、谋略和才能。度：度量。权：权变，人的计谋。

2 征远来近：征：征召。远：远方的人。近：近处的人。使动用法。陶宏景注："凡度其权略，量其材能，为远作声誉者，所以征远而来近也。谓贤者所在，或远或近，以此征来，若燕昭征郭隗即其事也。"

3 立势：确立有利的形势。势：权势，态势。制事：制订有关的措施、制度。陶宏景注："言远近既至，乃立赏罚之势，制能否之事。事势既立，必先察党与之同异，别言语之是非。"

4 见内外之辞：了解对方所说的言辞，是内行还是外行。

5 有无之数：是否具有真才实学。陶宏景注："外谓浮虚，内谓情实，有无谓道术能否。又必见其情伪之辞，知其能否之数。"

6 定亲疏之事：决定君臣之间的亲疏关系，即亲近他还是疏远他。陶宏景注："既察同异、别是非、见内外、知有无，然后与之决安危之计，定亲疏之事，则贤不肖可知也。"

7 权：秤锤，指衡量轻重。量：测量长度。陶宏景注："权之，所以知其轻重；量之，所以知其长短。"

8 隐栝：矫正竹木使成形的器具，这里指订正、修正，可以引申为矫正人的缺点和不足。陶宏景注："轻重既分，长短既形，乃施隐栝以辅其曲直。如此，则征之亦可，求之亦可，用之亦可。"

［译文］

凡是揣度评估别人的权谋、衡量别人的才能，都是为了征召远方或近处的人才。要确立有利于人的形势，制定相应的制度措施，一定先要仔细观察彼此的相同点和不同点，能分辨出对方语言中的是与非。

要了解对方说的话是内行之词还是外行之语，判断他是真材实料还是绣花枕头，在此基础上才能决断事关安危的大计，确定己方与对方是亲近他或是疏远他。再在实践中加以检验衡量应召而来者。矫正缺点和不足，然后再征召他，聘用他，重用他。

引钩箝之辞[1]，飞而箝之[2]。钩箝之语，其说辞也，乍同乍异[3]。其不可善者[4]，或先征之，而后重累[5]；或先重累，而后毁之[6]；或以重累为毁，或以毁为重累[7]。

[注释]

1 引：拉弓，引申为运用。

2 飞箝：故意抬高对方，进而钳制对方的制人之术。飞：飞语，赞扬对方，抬高他的声誉，以获得对方的好感。箝：钳制。陶宏景注："钩谓诱致其情。言人之材性各有差品，故钩箝之辞亦有等级。故引钩箝之辞，内感而得其情曰钩，外誉而得其情曰飞。得情即箝持之，令不得脱移，故曰钩箝，故曰飞箝。"

3 乍：忽然，突然，时而相一致，时而不一致。陶宏景注："谓说钩箝之辞，或捭而同之，或阖而异之，故曰乍同乍异也。”

4 不可善：以飞箝之语难以奏效的人。

5 重累：用各种手段反复触动他的内心，从而感化他。重：反复。累：触动感化。

6 毁之：《吕氏春秋·行论》：“诗曰：将欲毁之，必重累之；将欲踣之，必高举之。”高诱注曰：“累之重，乃易毁也。踣，破也；举之高乃易破也。以喻洛王骄乱甚，乃易破也。”想要贬毁他，一定先要抬高他。这里的“重累”和“毁”与此篇中的“重累”和“毁”的意思相同。其中，“重累”犹“重叠”，可以引申为“抬高”或“拔高”，“毁”犹“贬毁”。由此可知，“重累”与“毁”是两种相反的游说技巧。陶宏景注：“不可善，谓钩钳之辞所不能动，如此必先命征召之。重累者，谓其人既至，然后状其材所有，知其所能，人或因此从化者也。”毁：摧毁，毁灭，此处是指摧毁他的抵触或心理壁垒，从而归心于我。陶宏景注：“或有都状其所有，犹未从化，然后就其材术短者訾毁之，人或过而从之。言不知化者也。”

7 “或以”二句：或者用重累作为摧毁其内心的手段，或者用摧毁其内心作为重累的手段。陶宏景注：“或有状其所有，其短自形，以此重累为毁也。或有历说其短，材术便著，以此毁为重累也。为其人难动，故或重累之，或訾毁之，所以驱诱令从化。”

[译文]

首先借用能捕获人心的话语，以溢美之词来钳住他。这种以引诱手段来控制对方的话语，是一种游说辞令，其特点是在交谈之时要时而表示认同，时而表示与他相异，以便了解对方的实情。

对飞箝之术难以奏效的人，可以先征召他，然后用各种手段反复触动他的内心，从而感化他；或者先不断地触动他感化他而达到摧毁对方的心中堡垒或抵触，从而归心于我；或者通过反复感化他，以摧毁他的顾虑或抵触；或者摧毁他的心中壁垒以触动他，从而征服他。

其用[1]，或称财货[2]、琦玮[3]、珠玉、璧白、采色以事之[4]。或量能立势以钩之[5]，或伺候见涧而箝之[6]，其事用抵巇。

[注释]

1 其用：运用飞箝之术。

2 称：使用。

3 琦玮：琦和玮都是美玉的一种。

4 采色：采邑、美色。事之：供奉他，钳制他。陶宏景注："其用，谓其人既从化将用之，必先知其性行好恶。动以财货采色者，欲知其人贪廉也。"

5 量能：衡量对方才能。立势：确立有利于对方的形势。陶宏景注："量其能之优劣，然后立去就之势，以钩其情，以知智谋。"

6 涧：山谷，比喻对方的短处、失误或弱点。陶宏景注："谓伺彼行事，见其涧而钳持之，以知其勇怯也。"

[译文]

运用飞箝的这种办法，或者用钱财、美玉、珠宝、绸缎、采邑、美色去收服他；或者根据他的才能，给他平台机会而钳制他；或者抓住他的弱点或把柄，钳制住他。以上办法都是借用"抵巇之术"。

将欲用之于天下[1]，必度权量能，见天时之盛衰[2]，制地形之广狭，岨险之难易[3]，人民、货财之多少，诸侯之交，孰亲孰疏、孰爱孰憎，心意之虑怀[4]。审其意[5]，知其所好恶[6]，乃就说其所重[7]，以飞箝之辞，钩其所好，以箝求之。

[注释]

1 用之于天下：在天下运用飞箝之术，即使用飞箝方法作用于君主。

2 天时：时运、气数，指国家命运的发展趋势。

3 岨崄：同“阻险”，指山川地势的险要。难易：指险峻或平坦。陶宏景注：“将用之于天下，谓用飞箝之术辅于帝王。度权量能，欲知帝王材能可辅成否。天时盛衰、地形广狭、人民多少，又欲知天时、地利、人和，合其泰否；诸侯之交，亲疏爱憎，又欲知从否之众寡。”

4 虑怀：想的和希望的。

5 审其意：了解其人心意、情怀、志向。审：仔细考察。

6 好恶：爱好与憎恶。

7 所重：最关心，最急于解决的问题或重视的东西。陶宏景注：“既审其虑怀，知其好恶，然后就其所最重者而说之。又以飞箝之辞，钩其所好。既知其所好，乃箝而求之。所好不违，则何说而不行哉？”

[译文]

要把“飞箝”之术作用于君主，必须揣度权衡人的谋虑和才能，观察时运的盛衰，掌握地形的宽窄和山川险阻的难易，以及人民财富的多少，在诸侯之间的交往方面，必须考察彼此之间的亲疏、爱憎关系；还要仔细考察君主的心意、情怀、志向，要知晓他的好恶，然后针对他所重视的问题进行游说，再用“飞箝”之术诱出对方的偏好所在；最后再用“箝”的方法把对方控制住，使他能够随着己方的意愿而行事。

用之于人，则量智能[1]、权财力、料气势，为之枢机[2]，以迎之、随之，以箝和之[3]，以意宜之[4]，此飞箝之缀也[5]。用于人，则空往而实来[6]，缀而不失，以究其辞。可箝而从，可箝而横[7]，可引而东，可引而西，可引而南，可引而北，可引而反[8]，可引而覆[9]。虽覆能复[10]，不失其度[11]。

[注释]

1 量、权、料：权衡、估计。

2 枢机：关键和重点。枢：门轴。机：弩机，古代弩箭的发动开关。

3 和：协调，组合。

4 宜：适宜。

5 缀：连接。陶宏景注："用之于人，谓用飞箝之术于诸侯也。量智能、料气势者，亦于知其智谋能否也。枢，所以主门之动静；机，所以主弩之放发。言既知其诸侯智谋能否，然后立法镇其动静，制其放发，犹枢之于门、机之于弩。或先而迎之，或后而随之，皆箝其情以和之，用其意以宜之。如此，则诸侯之权，可得而执，己之恩信可得而固。故曰飞箝之缀也，谓用飞箝之术连于人也。"

6 空：好听的空话。实：实情。

7 从横："合纵""连横"的策略。

8 反：回复。

9 覆：翻转过来。陶宏景注："用于人，谓以飞箝之术任使人也。但以声誉扬之，故曰空往；彼则开心露情，归附于己，故曰实来。既得其情，必缀而勿失，又令敷奏以言，以究其辞。如此，则从横、东西、南北、反覆，惟在己之箝引，无思不服。"

10 覆：倾覆，失败。复：恢复。

11 度：节度。陶宏景注："虽有覆败，必能复振。不失其节度，此箝之终也。"

[译文]

运用飞箝之术和别人打交道，就要衡量别人的智慧、才能、财力，估计其气势，进而把握住关键之处，并以此为突破口，来迎合他的意图，附和他的建议，控制他促成合作，并揣度他的想法，使他满意。这就是飞钳术中的牵制手段。

如果用飞箝之术和别人打交道，就要用溢美之词，从而使对方敞开心扉说出实情。以此使关系紧密无间，进一步研究他话语中的实意。这样就可牢牢控制住他。可以合纵，也可以连横；可以引他向东，也可以引他向西；可以引他向南，也可以引他向北；可以引他回头，也可以引他翻转过来。进退随意收放自如，永远不会失去控制。

［评析］

飞箝之道讲的是如何把握人心、掌控对方的方法。飞就是夸奖、表扬的意思，就是有意识地给别人以肯定和赞许，以讨取对方的欢心，得到信任后，使其暴露实情。箝就是钳制掌控对方的一举一动，使之按照自己的意图行事。由此可知，“飞”的目的是为了“箝”。赞美对方、肯定对方的目的是为了更好地掌控对方。飞箝之术对于人性的心理弱点来说，是非常有效的。人都愿意听好话，期望赞同之词。

陶宏景的题解云：“飞，谓作声誉以飞扬之；箝，谓牵持缄束令不得脱也。言取人之道，先作声誉以飞扬之，彼必露情竭志而无隐，然后因其所好，牵持缄束令不得转移。”鬼谷子在《谋篇》中说：“事贵制人，而不贵见制于人。”控制对方，让对方按自己的意图行事，为纵横捭阖的目的。飞箝术就是利用人性的弱点进行控制的一种权术。

本篇是《鬼谷子》的统御之道中的重要手段之一，也是鬼谷子最具代表性的一种方法，也是纵横家纵横天下、出将入相所凭借的最厉害的一个本事。所论飞箝主要涉及飞箝术的效用、意义、方法、对象等内容。

首先，探讨飞箝术之效用和意义。为什么要用飞箝之术呢？因为要想控制对方，首先要摸清他的底细，掌握他的心意。因此，本篇一开始就说“知有无之数，决安危之计，定亲疏之事”。飞箝术的实质是“钩箝之辞”，在赞扬对方的话中，要暗中下钩，以言辞勾引出对方实情而加以钳制。赞扬他是为了控制他，此乃飞箝术的实质。

其次，论述使用飞箝的方法。一是赞誉感化。或征召他，然后用各种手段反复触动他的内心，从而感化他；或不断地触动他、感化他而摧毁对方的心中堡垒或底线，从而归心于我。有时通过反复感化，是为了摧毁他的顾虑或抵触；有时摧毁他的心中壁垒，是为了触动他从而征服他。即所谓“或先征之而后重累，或先重以累而后毁之”。二是物质收买。也可以使用对方喜欢的物质来收买，以达到目的，即“或称财货、琦玮、珠玉、璧帛、采色以事之”。三是分析形势。动之以形势，言之以道理，即“或量能立势以钩之”。四是抓住机会。也可以根据对方的缝隙漏洞，结合“抵巇”之法来实施，即“或伺候见涧而箝之”等。

最后，在具体实施过程中，须针对不同对象行飞箝之术。

忤合第六

凡趋合倍反[1]，计有适合[2]。化转环属[3]，各有形势。反覆相求[4]，因事为制[5]。是以圣人居天地之间，立身[6]、御世[7]、施教[8]、扬声[9]、明名也[10]，必因事物之会[11]，观天时之宜，因知所多所少，以此先知之，与之转化[12]。

［注释］

1 趋合：有合作的趋向就联手，即合。倍反：意见相左而离开，即忤。倍：通“背”，与“向”相对，引申为背叛，背离。

2 计有适合：要有适宜的计谋。陶宏景注：“言趋合倍反，虽参差不齐，然施之计谋，理乃适合。”

3 化转环属：离合的变化，就像圆环之物，不停地变化转化。化转：变化运转。环属：像圆环一样连接。属：连接。

4 求：互相依赖。

5 因事为制：因事制宜。陶宏景注："言倍反之理，随化而转，如连环之属，然其去就各有形势，或反或覆，理自相求，莫不因彼事情为之立制也。"

6 立身：修炼自己而能自立于社会。

7 御世：处理世事。

8 施教：实施教化。

9 扬声：弘扬声誉。

10 明名：显明，使动用法，使……名。

11 会：关键、时机。

12 因：根据。与之转化：跟随它一起运转变化。陶宏景注："所多所少，谓政教所宜多宜少也。既知多少所宜，然后为之增减，故曰以此先知，谓用倍反之理知之也。转化，谓转变以从化也。"

[译文]

凡事之理，既有趋向联合，又有背离对抗，无论采取什么策略，都必须要有恰当合适的计谋。离合的变化如同圆环，周而复始，各自形成不同的形状、态势。因此，要根据不同事态来采取相应的措施。

因此，圣人在天地之间，立身行事，实施教化，弘扬自己的声誉和名望，都一定要抓住事物发展的关键，要观察社会的发展趋势，把握时机，从而明白自己的所为是该加强还是减少，根据这一切预先了解的情况，做出相应的调整。

世无常贵，事无常师[1]。圣人常为，无不为[2]；所听，无不听[3]。成于事而合于计谋，与之为主[4]。合于彼而离于此[5]，计谋不两忠[6]，必有反忤[7]：反于此，忤于彼；忤于此，反于彼。其术也，用之于天下，必量天下而与之[8]；用之于国[9]，必量国而与之；用之于家[10]，必量家而与之；用之于身，必量身材能气势而与之[11]；大小进退[12]，其用一也。必先谋虑计定，而后行之以飞箝之术[13]。

[注释]

1 常贵：永远高贵。常师：永远效法的对象。陶宏景注："能仁为贵，故无常贵；立善为师，故无常师。"

2 常为：疑似少一"无"，应为"常无为，无不为"。经常顺应事物的发展规律，因而无所不为。

3 所听：同上，应作"无所听，无不听"。没有偏听，所以无所不听。陶宏景注："善必为之，故无不为；无稽之言不听，故无所（不）听。”

4 与之为主：圣人欲成事，合于谋，必以忤合的原理为主。陶宏景注：“于事必成，于谋必合，如此者，与众立之，推以为主也。”

5 离：背离。

6 不两忠：不会对处于对立地位的双方都忠诚。陶宏景注：“合于彼，必离于此，是其忠谋不得两施也。”

7 反忤：背反忤逆。陶宏景注：“既不两忠，宜行反忤之术。反忤者，意欲反合于此，必行忤于彼。忤者，设疑其事，令昧者不知觉其事也。”

8 量：衡量。与：参与，结交。

9 国：诸侯各国。

10 家：卿大夫的封地。

11 材能：才能，才干。气：气质，品行。势：权势，地位。陶宏景注：“用之者，谓反忤之术。量者，谓其事业有无。与，谓与之亲。凡行忤者，必称其事业所有而亲媚之，则暗主无从而觉，故得行其术也。”

12 大小：对象的大小、身份、地位。陶宏景注：“所行之术，虽有大小进退之异，然而至于称事扬亲则一，故曰其用一也。”

13 行之以飞箝之术：运用飞箝之术来辅助施行。陶宏景注：“将行反忤之术，必须先定计谋然后行之，又用飞箝之术以弥缝之。”

［译文］

世界上没有永远的尊贵，做事情也没有永远效法的榜样。圣人常无为而无所不为，圣人无所偏听而无所不听。

圣人欲成事，合于谋，必以忤合的原理为主。自己与另一方结合，必然会背离这一方，因为计谋不可能忠诚彼此对立的双方。

所以其中必然有顺应和谐的也会有背反忤逆的情况：顺从这方的利益，就必然违背那方的利益；违背这方的利益，就必然符合那方的利益。

“反忤之术”如果运用于天下，一定要衡量天下的情况再决定与之结交的方式；如果运用到诸侯国，一定要衡量各国的情况再决定与之结交的方式；如果运用到大夫的封地，一定要衡量封地的情况再决定与之结交的方式；如果运用到个人，一定要衡量个人的身份、才能、气势、魄力再决定与之结交的方式。

无论对象是大是小，策略是进是退，因人而异随机应变的原则都是一致的。一定先要思谋考虑，确定计谋策略，然后用“飞箝之术”作为辅助来实现自己的目的。

古之善背向者[1]，乃协四海[2]，包诸侯忤合之地而化

转之[3]，然后求合。故伊尹五就汤[4]，五就桀，而不能有所明，然后合于汤；吕尚三就文王[5]，三入殷，而不能有所明，然后合于文王，此知天命之箝[6]，故归之不疑也[7]。

［注释］

1 善于背向者：善于运用背向之理、反忤之术的人。背向：背离谁与趋向谁。

2 四海：全天下。

3 忤合之地而化转之：驱使忤合的对象到或相互忤逆或相互契合的不同地方而改变他。陶宏景注："言古之深识背向之理者，乃合同四海，兼并诸侯，驱置忤合之地，然后设法变化而转移之。众心既从，乃求其真主，而与之合也。"

4 伊尹：商汤的开国功臣。陶宏景注里没有"而不能有所明"六字，据嘉庆本增加。

5 吕尚：姜子牙（姜太公）。周文王的重要大臣，周武王的开国元勋。俞樾《湖楼笔谈》曰："吕尚事，于书传无见，盖因伊尹而类也。"陶宏景注："伊、吕所以就桀、纣者，以忤之使不疑；彼既不疑，然后得合于真主矣。"

6 天命之箝：天命所系。

7 归：归属。陶宏景注："以天命系与殷商（汤）、文王，故二臣归二主不疑也。"

[译文]

古代善于运用背向之理、反忤之术的人，纵横天下，穿梭于各个诸侯国之间，驱使诸侯到不同的地方或忤或合改变局势，然后使之归心与他亲密合作。

因此，商朝的开国贤相伊尹，五次投奔商汤，五次投奔夏桀，但心里还是不知道该选择谁，最后选择了辅助商汤。周朝的开国功臣吕尚，三次接近文王，三次进入殷商国都考察，不知作何选择，最终决定选择辅佐周文王。他们在活动中明白了天命所归，所以最后毫无疑虑地归顺明主。

非至圣达奥[1]，不能御世[2]；不劳心苦思，不能原事[3]；不悉心见情，不能成名；材质不惠[4]，不能用兵；忠实无真[5]，不能知人。故忤合之道，已必自度材能知睿[6]，量长短远近孰不如[7]，乃可以进，乃可以退，乃可以从[8]，乃可以横。

[注释]

1 至圣：道德高深之人。达奥：通达深奥玄妙的道理。

2 御世：统御天下。

3 原事：探究事物的本原。

4 材质：才能和素质。惠：通“慧”，睿智。

5 忠实无真：外表诚实而不是出于真心。

6 自度：自我忖度。

7 长短远近：技能长短和见识远近。

8 从：通“纵”，合众弱以攻一强。陶宏景注：“夫忤合之道，不能行于胜己，而必用之于不我若。故知谁不如，然后行之也。既行忤合之道于不如己者，则进退、纵横，唯吾所欲耳。”

[译文]

如果不是道德高深的圣人，通达高深玄妙的道理，就不能统御天下；如果不费心苦思，就不能探究事物的本原；如果不全心投入地观察世情，就不能成就美名；如果天赋不够聪慧，就不能用兵；如果外表诚实而不是出于真心，就不可能真正地了解人。

所以要实行“忤合之道”，一定先要衡量自己的才能智慧，估量一下技能长短和见识远近，明白哪方面不如别人，再行动。做到这样，就可进可退，可纵可横，一切活动都在自己的把握中，收放自如。

[评析]

本篇讨论的是君主与纵横策士的遇合问题，强调要善于把握这两种状态之间相互转化的态势，顺势而为，纵横自如。

“凡趋合倍反，计有适合。”世界上任何事物都是分两面的，有相合的、有相对的。但不管是相合还是相对，作为智者、谋士都必须要拿出高明的解决问题的方案。“化转环属，各有形势”，忤合这两个方面可以相互转换，有时候对你有利，对他有害，但有时候会反过来！利益交换，就是互相转换的。因此，变化和转移就像铁环一样迅速旋转，瞬息万变，变化和转移各有各的具体形式，不同的事物有不同的变化的特点。

其次，如何利用忤合之术反复相求、以事制事？制事必须要不断地、反复地寻求最佳的适应步骤和方法，随着事物的发展变化制定相应的策略。你如果问一条小河遇到了大山，遇到了阻碍，该怎么办？小河会说：我不知道。只有当我遇到障碍的时候，我才知道该怎么办。这叫因事制宜、因时制宜、因事而动，所以这就是水的灵活性。

想让决策者采纳你的建议，必须要迎合他的心意，还要首先做到因人而异，对不同的游说对象要采取不同的游说方法。“用之天下者，必量天下而与之；用之于国，必量国而与之；用之于人，必量人而与之；用之于身，必先量身材气势而与之。”首先要先权衡利弊，了解这个人的真实情况，然后再决定你的对策。如果一个谋士智者把忤合之术用于天下，必先去衡量天下的形势；用之于国，必先衡量一国的形势；用之于人，必先衡量这个人的才能，即他的气势、他的才干、他的品格、他的做事风格。

本篇隐含了根据事物的实际情况制定相应计策的因事立制术，根据实际情况和对方的计策制定相应之策的反忤之术，看透形势而选择明主的向背之术等，对后人决策行事有积极的指导意义。

揣篇第七

古之善用天下者[1]，必量天下之权[2]，而揣诸侯之情[3]。量权不审[4]，不知强弱轻重之称[5]；揣情不审，不知隐匿变化之动静[6]。

［注释］

1 善用天下者：善于利用天下情势、处理各种矛盾、操控天下局势、做天下文章的人。

2 量：度量，衡量。权：权势，实力。

3 情：实情实意。

4 审：详尽，周密。

5 称：相称，对比。

6 动静：情况。

[译文]

古代善于凭借各种情势而把自己的才略运用于天下的人，必定要衡量天下政治形势的发展状况，揣测各个诸侯的真实情况和心意。如果对天下各种形势实力的衡量不详尽周密，就不了解各国强弱虚实的对比；如果对诸侯真实情况和心意的揣测不细致周密，就不了解他们的隐蔽和变化情况。

何谓量权，曰：度于大小[1]，谋于众寡[2]，称货财有无之数[3]，料人民多少[4]、饶乏[5]，有余不足几何[6]？辨地形之险易[7]，孰利孰害[8]？谋虑，孰长孰短；揆君臣之亲疏[9]，孰贤孰不肖？与宾客之知睿[10]，孰多孰少？观天时之祸福，孰吉孰凶？诸侯之交[11]，孰用孰不用[12]？百姓之心，去就变化[13]，孰安孰危，孰好孰憎。反侧孰辨[14]？能如此者，是谓量权。

[注释]

1 大小：地域的大小、力量的强弱。

2 众寡：多少。

3 称：衡量。

4 料：估计、预测。

5 饶乏：富饶与贫乏。

6 有余不足几何：哪方面有余，哪方面不足。

7 辨：分析判断。险易：险峻与平易。

8 利：地形有利。害：地形不利。

9 揆：测量，揣度。亲：亲近。疏：疏远。

10 知睿：聪明睿智。知：同“智”。

11 诸侯之交：诸侯国之间关系的亲疏远近。

12 用：可以利用。

13 去就：民心的向背。

14 反侧：翻来覆去。这里指从正面和侧面等多个方面来看待。孰辨：如何察知。陶宏景注：“天下之情必见于权也。善修量权，其情可得而知之。知其情而用之者，何适而不可哉？”

[译文]

什么叫权衡天下形势？就是度量一个国家地域的大小，谋略智能之士的多少。财物有还是无？人口有多少？贫富状况如何？哪些方面富余，哪些方面不足？

还要分析判断地形险峻还是平易，何处有利，何处有害？在谋略上哪一方高明，哪一方低劣？君臣间的亲疏关系如何，以及谁贤能，谁奸佞？宾客幕僚的智慧，哪一方少，哪一方多？

还要观察天时，即观察国家命运的祸福，对谁凶，对谁吉？观察诸侯间的关系，看哪个可以利用，哪个不能利用。

观察民心向背和变化状况，哪国民心安定，哪国民心惟危？谁被人民拥戴，谁被人民憎恶？正向反向的情况如何察知？掌握以上这些情况，就叫作权量。

揣情者，必以其甚喜之时，往而极其欲也[1]，其有欲也，不能隐其情；必以其甚惧之时，往而极其恶也，其有恶者，不能隐其情。情欲必出其变[2]。感动而不知其变者[3]，乃且错其人勿与语[4]，而更问其所亲，知其所安[5]。夫情变于内者，形见于外[6]，故常必以其见者而知其隐者[7]，此所以谓测深揣情[8]。

[注释]

1 往：前往。极：极点，尽头，这里是使动用法，使……达到极点。极其欲：使对方的情感达到极点。

2 情欲必出其变：人的情欲必定能在其甚喜、甚惧之时表露出来。陶宏景注里为“情欲必失其变”。陶宏景注：“夫人之性，甚喜则所欲著，甚惧则所恶彰。故困其彰著而往极之。恶、欲既极，则其情不隐，是以情欲因喜惧之变而失也。”

3 感动：情感受到触动。

4 错：通“措”，安置，安放。

5 所安：安于什么。陶宏景注：“虽因喜惧之时以欲恶感动，尚不知其变，如此者，乃且置其人，无与之语，徐徐更问斯人之所亲，则其情欲、所安可知也。”

6 见：通“现”，显露出来。

7 见者：表现在外的形态。隐者：隐藏在内心的思想情感。

8 测深揣情：揣测内心深处的真情实感。陶宏景注：“夫情貌不差，内变者必见外貌，故常以其外见而知其内隐。观色而知情者，必用此道，此所谓测深揣情也。”

[译文]

揣测对方隐秘的真情，一定要在他最高兴的时候，去最大限度地刺激他的欲望，使其达到极点，其欲望感情处在极端状态，情不自禁，就不能隐蔽真情；或者要选在他最担心恐惧的时候，最大限度地诱发他憎恶的心理，因为他为憎恶担心所激动，情不自禁，就不能隐蔽真情。这是因为人的情感欲望必定会在其甚喜、甚惧之时表露出来。

如果触动了那个人的内心感情，但还是看不到他的异常变化，就暂且放开他，不跟他交谈，转而去询问他亲近的人，从侧面了解其安身立命行事的根据。

一般来说，内心发生感情变化，必定会从外部形态上表现出来。因此，一定要常常根据其外部表现去察知内心隐藏的思想感情。这就叫作揣测内心深处真情实感的方法。

故计国事者[1]，则当审权量；说人主，则当审揣情。谋虑情欲，必出于此[2]。乃可贵，乃可贱；乃可重，乃可轻；乃可利，乃可害；乃可成，乃可败。其数一也[3]。

[注释]

1 计：筹谋。陶宏景注："审量权，则国事可计；审揣情，则人主可说。"

2 谋虑情欲，必出于此：要谋划国家大事，必须仔细权量国之形势；游说君主，必须对其内心进行揣测，摸准其心思。这是纵横家游说计谋的基础。陶宏景注："至于谋虑、情欲，皆揣而后行，故曰谋虑情欲必出于此也。"

3 其数一也：其规律都是一样的，即以上所言均由自己决定控制，运用之妙就在于揣度之术的运用。数：规律，法则。陶宏景注："言审于揣术，则贵贱、成败，唯己所制。无非揣术所为，故曰其数一也。"

[译文]

因此，要谋划国家大事的人，就一定要详尽缜密地权衡天下的形势；要游说君主，就应当仔细地揣度他的真情实感。

所有的谋划、想法和愿望，均以此为出发点。善于运用"量权"和"揣情"之术的人，就可以使自己获得富贵，使别人落于贫贱；使自己得到重用，使别人被人轻视；使自己获得利益，使别人受到损害；使自己取得成功，使别人最终失败。其规律是一致的。

故虽有先王之道、圣智之谋，非揣情隐匿无可索之[1]。此谋之大本也[2]，而说之法也[3]。常有事于人，人莫能先[4]，先事而至，此最难为[5]。故曰：揣情最难守司。言必时其谋虑。故观蜎飞蠕动[6]，无不有利害，可以生事变[7]。生事者，几之势也[8]。此揣情饰言成文章而后论之也[9]。

［注释］

1 索：索取。

2 此：揣情。大本：最根本的原则。

3 说之法：游说的基本法则。法：方法，法则。陶宏景注："先王之道，圣智之谋，虽弘旷玄妙，若不兼揣情之术，则彼之隐匿从何求之？然则揣情者，乃成谋之本而说之法制也。"

4 常有事于人，人莫能先：对他人行揣术，他人都不能够与己争先。

5 先事而至：事情发生之前就能预见，做好了准备。陶宏景注："挟揣情之术者，必包独见之明，故有事于人，人莫能先也。又能穷几尽变，故先事而至。自非体玄极妙则莫能为此矣。故曰此最难为者也。”道藏本作“常有事于人，人莫先事而至”。俞樾《读书余录》云：“人莫下，夺能先二字。”

6 蜎飞蠕动：小虫的运动。蜎：孑孓，蚊子的幼虫。蠕：小昆虫缓慢爬行。

7 事变：陶宏景作“事美”，俞樾《读书余录》云：“美当作变，言娟飞蠕动之虫，无不有利害可以生事变也。变、美形近而误。”陶宏景注：“娟飞蠕动，微虫耳，亦犹怀利害之心，故顺之则喜悦，逆之则勃怒，况于人乎！况于鬼神乎！是以，利害者，理所不能无；顺逆者，事之所必行。然则顺之招利、逆之致害，理之常也。观此可以成生事之美。”

8 几：几微，事物的预兆、苗头。陶宏景注：“生事者必审几微之势，故曰生事者几之势也。”

9 饰言成文章：修饰言辞，使它具有文采。陶宏景注：“言既揣其情，然后修饰言语以道之，故说辞必使成文章而后可论也。”

[译文]

所以说，即使有古圣先王的道德，有圣人智者的谋略，如果不能揣测真情，也无法寻求那隐蔽和深藏的实情。可见，这揣测之术是谋略的根本，是游说的法则。

善于“揣情”和“量权”之术的人，常常在事情来临时，从容谋划应对，从没有人能够与之争先。在事情发生之前就已做好准备，这是最难做到的。

所以说，揣情是最难掌握的，游说活动必须深谋远虑。即使是小昆虫飞行爬动那样微末的事情，无不有利害牵引，可以使事物发生变化。事物发生变化的起初，往往是微小的态势。

实行这揣测实情的方法，必须要修饰言辞，使之富有文采和感染力，然后再进行论说。

［评析］

揣摩是《鬼谷子》中最为重要的纵横谋略之一。对于揣摩，纵横策士有着特定的含义，就是通过揣度对方的心思，来使自己的谋划、游说，投合其本旨。

“揣”的意思是揣度、探测。陶宏景注：“揣者，测而探之也。”尹桐阳注：“《史记索隐》引高诱曰：‘揣，定也；摩，合也。定诸侯使雠其术以成六国之从也。’”

揣测的内容包括两个方面：一是“量权”，即衡量对象的综合形势及国力（如诸侯国的自然条件与政治经济形势）；二是“揣情”，即揣测对方内情，旨在掌握对方个性特点。两者比较，“量权”是衡量客观条件，有形可见，要充分了解和掌握，包括考察一国的综合国力，如财富多少，民众的贫富，地形的利弊，谋士的智谋高低，谁忠谁奸，君臣的关系，以及百姓的民心向背等。只有掌握了全面情况，才能判定国君面临的问题，国家需要什么样的解决方案，才能确定好游说的策略，选择值得效力的君主。

“揣情”是揣测主观心理，人的深层思想往往是隐秘的，难以知其变化动向，而这又往往是语言和行为的动因。这往往要靠已知的迹象为基础，去估计、推测、设想，这就是揣情。因此，本篇说“揣情最难守司”，并以“揣情”作为论述的重点。

本篇所论“揣情术”主要从三个方面入手：一、由表及里，即“以其现者而知其隐者”，以揣情对象的外在表现去揣度他的内心情怀，如此需要运用语言、表情和某些必要的动作去引诱对方，使他的内情表露出来；二、抓住关键，即“守司关键”，要在对方纷纭万端的言辞中把握其主导意向，在对方复杂多变的外在表情中把握其主要表情，从而判断出的他的真实情怀；三、见微知著，即“掌几之势”，蜎飞蠕动，微小之处，利害所关。可以从细微的迹象中去揣测对方内在的思想趋向。

《揣》为《鬼谷子》中重要一篇，所论“揣情”为纵横家核心思想之一。从上下文结构上看，《揣》所论亦是后文《摩》《权》《谋》《决》之前提和基础。

摩篇第八

摩者[1]，揣之术也[2]。内符者[3]，揣之主也[4]。用之有道，其道必隐[5]。微摩之以其所欲[6]，测而探之，内符必应。其所应也，必有为之[7]。故微而去之[8]，是谓塞窌[9]、匿端[10]、隐貌、逃情，而人不知，故能成其事而无患。

［注释］

1 摩：本意为切磋、研究，这里借指揣测对方心理的一种方法。

2 揣：揣摩，这里指揣摩内心情感。术：方法，手段。陶宏景注："谓揣知其情，然后以其所欲摩之，故曰摩者揣之术。"

3 符：符验。这里指内在情感的外在表现。

4 内符：内心世界和外在表现。主：主旨。陶宏景注："内符者，谓情欲动于内，而符验见于外。揣者，见外符而知内情，故曰内符为揣之主也。"

5 道：法则。隐：隐秘。陶宏景注："揣者，所以度其情慕；摩者，所以动其内符。用揣摩者，必先定其理，故曰用之有道。然则，以情动情，情本潜密，故曰其道必隐也。"

6 微摩之以其所欲：根据其情感欲望微妙地揣度。微：隐微。

7 必有为之：一定会有相应的行为。陶宏景注："言既揣知其情所趋向，然后以其所欲微而摩之，得所欲而情必动。又测而探之，如此则内符必应。内符既应，必欲为其所为也。"

8 去：离开。

9 窌（jiào）：穴藏，这里指漏洞。

10 匿端：隐匿头绪。隐貌、逃情：隐藏形貌，掩饰感情，这里指无行迹可寻。陶宏景注："君既有所为，事必可成，然后从之。臣事贵于无成有终，故微而去之尔。若乃己不同于此计，令功归于君，如此，可谓塞窌、匿端、隐貌、逃情。情逃而窌塞，则人何从而知之？人既不知所以，息其所谮妒，故能成事而无患也。"

[译文]

摩是揣测的一种方法。通过观察对方的外部表现而准确地判断出其内心的思想感情，从而被自己掌握，这就是揣情的主旨。

运用揣摩之术时，需要遵循一定的法则，而这个法则就是隐秘。顺着对方的欲望而隐微地揣度，他的内心想法一定会以相符合的形式表现出来；既然内外呼应，就必定有所作为。

达到目的之后，自己就要悄悄而微妙地离开，这叫作“隐藏起来”“清除痕迹”。“隐藏形貌”“掩饰感情”，使别人无从知晓。这样，事业得以成功而又不会留下祸患。

摩之在此[1]，符之在彼[2]，从而应之[3]，事无不可。古之善摩者，如操钩而临深渊[4]，饵而投之[5]，必得鱼焉。故曰：主事日成[6]，而人不知；主兵日胜[7]，而人不畏也。圣人谋之于阴[8]，故曰神[9]；成之于阳[10]，故曰明。所谓主事日成者，积德也，而民安之[11]，不知其所以利。积善也，而民道之[12]，不知其所以然，而天下比之神明也。主兵日胜者，常战于不争不费[13]，而民不知所以服，不知所以畏，而天下比之神明。

[注释]

1 此：己方。

2 彼：对方。

3 从：跟随。应：顺应，迎合。陶宏景注："此摩甚微，彼应自著，观者但睹其著而不见其微，如此用之，功专在彼，故事无不可也。"

4 善摩者：善于揣摩的人。

5 饵：钓饵，此处指安上钓饵。

6 主事：主持事情。

7 主兵：指挥军队。陶宏景注："钓者露饵而藏钩，故鱼不见钩而可得；贤者观功而隐摩，故人不知摩而自服，故曰主事日成而人不知也。兵胜由于善摩，摩隐则无从而畏，故曰主兵日胜而人不畏也。"

8 阴：暗中，隐蔽。

9 神：神奇，玄妙。

10 阳：公开。陶宏景注："潜谋阴密，日用不知，若神道之不测，故曰神也。功成事遂，焕然彰著，故曰明也。"

11 安：心安。

12 道之：遵循其道。陶宏景注："圣人者，体道而设教，参天地而施化，韬光晦迹。藏用显仁，故人安德而不知其所以利，从道而不知其所以然。故比之神明。"

13 不争：不用战争。不费：不耗费用。陶宏景注："善战者，绝祸于心胸，禁邪于未萌，故以不争为战。师旅不起，故国用不费。至德潜畅，玄风遐扇，功成事就，百姓皆得自然，故不知所以服，不知所以畏，比之于神明。”

［译文］

我方运用隐秘的“摩意之术”，而显著地表现却在对方，然后自己跟从他、应和他，就没有什么事情办不成。

古代善于摩意之术的人，就好像在水潭边，操竿装上饵，投到水中，必定能够钓到鱼。所以说，依据这种法则行事，每每有所成但别人莫知其妙，以此用兵每战必胜，士兵相信统帅的谋略而并不感到畏惧敌人。

圣人谋事在于隐秘，所以被称为“神”；而他的成功都显现于光天化日之下，所以被称作“高明”。

所谓主持事情每每有所成的秘诀，在于他积累德行，人民安居乐业，却不知道谁给了他们利益；在于积累善行，人人都遵循着做，却不知道为什么要这样做。因此，天下的人都把他比作神明。

所谓指挥战争每每获胜，在于经常不战而屈人之兵，而且不需耗费资用，老百姓不知道为什么服从他，不知道害怕什么。因此，天下的人都把他比作神明。

其摩者[1]，有以平，有以正，有以喜，有以怒，有以名，有以行，有以廉，有以信，有以利，有以卑。平者，静也；正者，直也；喜者，悦也；怒者，动也；名者，发也；行者，成也；廉者，洁也；信者，明也[2]；利者，求也；卑者，谄也[3]。故圣人所以独用者[4]，众人皆有之，然无成功者，其用之非也[5]。

［注释］

1 其摩者：摩意的方法。陶宏景注："凡此十者，皆摩之所由而发。言人之材性参差，事务变化，故摩者亦消息虚盈，因几而动之。"

2 明：明白。

3 谄：谄媚，讨好。陶宏景注："名贵发扬，故曰发也。行贵成功，故曰成也。"

4 所以独用者：独自使用的方法，指摩意之术。

5 用之非也：运用的方法不得当。陶宏景注："言上十事，圣人独用以为摩，而能成功立事。然众人莫不之，所以非道不能成。"

［译文］

在实施摩意时，要因人而异。有用平的，有用正的，有用喜的，有用怒的，有用名的，有用行的，有用廉的，有用信的，有用利的，有用卑的。

平和就是让对方平静；正直就是直率；欢喜就是让对方喜悦；发怒就是让对方激动；名声就是让对方的名声远播；行动就是为了成就对方；廉洁就是为了保持对方的高洁自律；信用就是为了让人明白其人品；利益就是为了激发对方欲望、需求；谦卑就是为了迎合对方，满足其虚荣心理。

圣人所独自使用的摩意之术其实并不玄妙，众人也都能够使用；然而，之所以没有取得成功，是因为用的方法不得当。

故谋莫难于周密，说莫难于悉听[1]，事莫难于必成[2]。此三者，唯圣人然后能任之[3]。故谋必欲周密，必择其所与通者说也[4]，故曰或结而无隙也[5]。夫事成必合于数[6]，故曰道、数与时相偶者也[7]。说者听[8]，必合于情，故曰情合者听。故物归类[9]，抱薪趋火[10]，燥者先燃；平地注水，湿者先濡[11]。此物类相应[12]，于势譬犹是也[13]。此言内符之应外摩也如是[14]，故曰：摩之以其类，焉有不相应者？乃摩之以其欲，焉有不听者？故曰“独行之道”[15]。夫几者不晚[16]，成而不拘[17]，久而化成[18]。

［注释］

1 悉听：使对方全部听从。

2 必成：必定成功。

3 三者：谋周密、说悉听、事必成。陶宏景注：“谋不周密，则失几而害成；说不悉听，则违理而生疑；事不必成，则止篑而中废，皆有所难能。任之而无难者，其唯圣人乎？”

4 所与通者：心意能与谋者相沟通的人。

5 无隙：没有缝隙，指亲密无间。陶宏景注：“为通说者谋必虚受，如受石投水，开流雨纳泉，如此则何隙而可得？故曰结而无隙也。”

6 道数：自然规律和方法。

7 时：时机。偶：合。陶宏景注：“夫谋成必先考合于术数，故道、数、时三者偶合，然后事可成而功业可立也。”

8 说者听：使动用法，说话使人听从。俞樾《读书余录》云：“者，衍字。上云夫事成必合于数。与此句正相对成文。”陶宏景注：“进说而能令听者，其唯情合者乎？”

9 归类：世间万物，各归其类。

10 薪：柴火。燥者：干燥的柴火。

11 濡：沾湿、浸润。

12 物类相应：同类的事物互相呼应。

13 势：情势。

14 内符之应外摩：内在的情感的变化与外在摩意互相呼应。陶宏景注："言内符之应外摩，得类则应，譬犹水流就湿、火行就燥也。"

15 独行之道：只有圣人能够体会的唯一直指人心的方法。陶宏景注："善于摩者，其唯圣人乎？故曰独行之道者也。"

16 几者不晚：能发现事物的细微征兆和趋势而果断行动的人，不会坐失良机。

17 拘：居功不让。

18 化成：达到出神入化的境界。陶宏景注："见几而作，何晚之有？功成不拘，何拘之有？久行此二者，可以化天下。"俞樾《读书余录》云："拘当为居"，认为"不拘"为"不居"之误。

[译文]

所以说，事有三难：谋略最难于周详缜密，游说最难于使对方绝对听从，办事最难达到的是必定成功。在这三个方面，只有圣人才能够全部达成。

谋略一定周详缜密，就必须选择与自己的心思相通、志同道合的人去游说。这叫作结交共事亲密无间。

办事要想取得成功，必须要合乎规律，所以说天道、术数和时机三者相互配合才能保证成事。

说辞想要别人听从，必须与对方思想感情相契合。这叫作情意相合便能使人言听计从。

所以世间万物，各归其类：把柴火抛入火中，干燥的柴火首先燃烧；往平地倒水，湿润的地方首先被浸透。

这就是事物同类相应的道理，在揣摩的情势上也必然如此。

因此，这里说的内符回应外摩也是这个道理，即在外部揣摩试探，必然得到内心回应，就好像同类事物会互相应和一样的道理。

所以说，根据事物同类的共性特征去揣摩试探，哪有不相呼应的道理？顺着对方的欲望去揣摩试探，哪有不被听从的道理呢？因此，揣情摩意之术是唯一直指人心的方法。

总之，能发现事物的细微征兆和趋势而果断行动的人，不会坐失良机，功成名就后也不居功自傲。久而久之，就可以达到出神入化的境界。

[评析]

《摩》是《揣》的姊妹篇。本篇开宗明义：“摩者，揣之术也。”说明“摩”是“揣”的方法、手段。揣摩之术，是战国纵横策士游说理论的核心。清代黄宗羲《移史馆熊公雨殷行状》云：“当是时，号为能谏者，亦必揣摩婉转以纳其说。”

可见，不能逆意进言，只有细心揣摩对方心理，婉转陈词，才能使对方接受，这是进谏者的成功之道。

鬼谷子把揣和摩分开论述，揣情是心里琢磨，摩意是言语试探；揣情是推测其内情，摩意是使其内情外化。揣情在说之前，摩意在言谈中。揣，着重在揣测对方的主客观情况；摩，着重在触摩、接触，在接触中试探对方，尽力顺从对方的心意，以求亲密无间。《揣》已经说到，“揣情”即揣探对方内心隐秘的实情。那么，如何成功探测对方内心的真实想法呢？《揣》提到了利用对方处在“甚喜”或者“极恶”的极端情绪状态下，心理失控所暴露出的信息来探测对方的内心。但是在现实生活中，人们的情绪或心理往往并不处在极端状态下，所以无法探其心。怎么办？本篇提出了另一种方法——“摩”。“摩”就是当对方处在情绪平稳、心理正常的状态时，如何探测对方的内心，也是对《揣》篇获得的信息作进一步加工处理，实际上是“揣情”的继续。在游说过程当中，揣和摩往往联系在一起，含义是反复思考和推究。实际上，“摩意”作为揣情之术的延伸，与揣情之术紧密相连。既然摩意是揣情之术的延伸，那么鬼谷子在写了《揣》之后，为什么还要再写一个《摩》呢？其实，这并不是作者为了凑字数，而是有深刻用意。诚如中井积德说：“摩在揣度之后，如以手摩弄之也。既能晓通彼人之情怀，而以我之言动摇上下之，以导入于吾囊中也。或扬之，或抑之，皆有激发，即所谓摩也。”按中井积德的理解，摩是一种以言诱动的方法。对收集来的情况，必须经过由表及里、去伪存真的揣测过程，否则得到的极有可能是假信息。

本篇内容涉及摩的原则、方法、技巧等。

摩意之原则为隐蔽自保、全身而退，即摩意，要在隐匿中进行，“用之有道，其道必隐”，千万不要让对方觉察。达到目的后，隐秘退出，以免暴露，即“塞窌匿端”“隐貌逃情”。人的内心乃为最隐秘之处，当知悉对方在探测自己最隐秘之处时，就会作出自我保护的反应，你就再也无法得到信息了。如果对方位高权重，一旦动怒，就会惹下祸端，如三国之杨修。因此，要“隐貌逃情”，遵从隐蔽原则，以期“成其事而无患”。

摩的方法，有三个特点：一是顺合自然，不露形迹；二是着意探求本来面目；三是细心研切，以期把握实质。摩有十法：平、正、喜、怒、名、行、廉、信、利、卑。因为人的材性参差不一，客观事物也多有变化，所以摩只能消息盈虚，因机而动，或平和使静，公允使直；或以喜情取悦，以怒相激；或以名声相逼，以行为相促；或以廉洁感化，以诚信征服；或以利害相劝，以谦卑迎合，因人而异，因时而变，因化说事。

摩意的技巧主要有两个：其一为“以其所欲而探之”。只要是人就有欲望，有欲望就有需要。这就是人性。鬼谷子善于从人的欲望需求出发来达到目的。以满足对方欲望为诱饵，投饵钓鱼，操钩临渊，就能吸引对方，探测到对方真实的内心世界。天机不露，即善摩。这样，主事成功，人们安而不知所由，主兵取胜，人们服而不知所惧，这就达到“神明”的境界了。

其二为以类相摩。“抱薪趋火，燥者先燃；平地注水，湿者先濡”，这是自然法则。人事也如此，与通者相谋，谋必合；与情合者说，说必听。鬼谷子重视人的性格，分析归纳性格的类型，以此作为推测的依据，并从历史经验出发作出判断。因此，摩实际上只有两类：一是以同类的事理旁敲侧击，二是以对方的心理欲求试探，只要有相应的反应，就达到摩的目的。

摩之所以有效，是由事物的同类相归、同类相应的原理决定的。

此外，鬼谷子还提出，要道、数、时相偶合。道是规律和原则，数是方法和手段，时是时务和时机。要设谋、进说、行事成功，就要合乎大道规律、方法得当、时机恰切。如不注意策略的运用和时、势、局的把握，往往会适得其反，事与愿违。

权篇第九

说者[1]，说之也[2]；说之者，资之也[3]。饰言者[4]，假之也；假之者[5]，益损也[6]。应对者[7]，利辞也；利辞者[8]，轻论也[9]。成义者[10]，明之也[11]；明之者，符验也[12]。难言者[13]，却论也[14]；却论者，钓几也[15]。

［注释］

1 说：游说。

2 说（shuì）之：说服他。之，要说服的对象。

3 资之：资助他。让对方明白你的策略对他有利。陶宏景注："说者，说之于彼人也；说之者，有资予彼人也。资，助也。""说者，说之也"，陶宏景作"说之者，说之也"，衍一"之"字。

4 饰言：美化语言，即“修辞”。饰：装点得好看。

5 假之：凭借语言以打动对方。假：假借。

6 益损：增加与减少，剪裁推敲。陶宏景注：“说者所以文饰言辞，但假借以求入于彼，非事要也。亦既假之，须有损益，故曰假之者损益之谓也。”

7 应对：应对答问。

8 利辞：思维敏捷，语言明快。

9 轻论：轻便灵活的论辞。陶宏景注：“谓彼有所问，卒应而对之者，但便利辞也。辞务便利，故所论之事，自然利辞非至言也。”

10 成义：符合道理的言论。

11 明之：观点鲜明，论证清晰。

12 符验：符合事实，可以验证。陶宏景注：“核实事务以成义者，欲明其真伪也。真伪既明，则符验自著。”

13 难言：诘难性的言辞。

14 却论：驳论，反驳对方。

15 钓几：诱出对方内心的秘密。钓，即《反应》篇的“钓语”之“钓”。陶宏景注：“言或不合，反复相难，所以却论前事也。却论者，必理精而事明，几微可得而尽也。故曰却论者钓几也。求其深微曰钓也。”

[译文]

游说，就是说服对方；能说服对方，是因为你说的对他有帮助。

修饰语言（修辞），是为了借助语言的力量去打动别人；借助语言的力量，必然要对言辞增减推敲。

应答别人的疑问诘难，言辞一定要锋利，即反应敏捷、语言明快；锋利的言辞才能轻便灵活地讨论问题。

言辞要符合情理，必须要论证清晰；论证清晰，必须要引用实例来验证。

诘难的言辞就是反驳别人的言论；反驳的目的，是为了引诱对方说出心中隐藏的意图。

佞言者[1]，谄而干忠[2]；谀言者[3]，博而干智[4]；平言者[5]，决而干勇[6]；戚言者[7]，权而干信[8]；静言者[9]，反而干胜[10]。先意承欲者[11]，谄也；繁称文辞者[12]，博也；策选进谋者[13]，权也；纵舍不疑者[14]，决也；先分不足以窒非者[15]，反也。

[注释]

1 佞言：谄媚讨好的语言。

2 谄而干忠：谄媚以求忠诚之名。干：追求，求取。《尔雅，释言》：“干，求也”。陶宏景注：“谄者，先意承欲，以求忠名，故曰谄而于忠也。”俞樾《读书余录》云：“‘于’，读作‘为’，古字通用。秦恩复疑是干字之误，未得古义。”

3 谀言：阿谀奉承的言辞。

4 博而干智：假装渊博以求智慧之名。陶宏景注：“博者，繁称文辞以求智名，故曰博而干智。”

5 平言：平实的言辞。

6 决而干勇：果决不疑的言辞以求勇敢之名。陶宏景注：“决者，纵舍不疑以求勇名，故曰决而干勇。”根据文理与后文的顺序，“平言者，决而勇”应移至“戚言者，权而干信”之后。

7 戚言：忧心的言辞。

8 权而干信：运用权谋以求得信任。陶宏景注：“戚者，忧也。谓象忧戚而陈言也。权者，策选进谋，以求信名，故曰权而干信。”

9 静言：稳健沉稳的言辞。

10 反而干胜：知道自己不足，反而要通过责备他人而护短以求取胜。陶宏景注：“静言者，谓象清静而陈言。反者，先分不足以窒非，以求胜名，故曰反而干胜。”

11 先意承欲：曲意奉承以满足对方的欲望。

12 繁称文辞：文辞繁华虚浮。

13 策选进谋：进献计谋时要注意策略的选择。

14 纵舍不疑：摒弃陈见，择言而进，毫不迟疑。

15 先分不足：自己原先的理由不充足。窒非：攻击对方，使对方成为过错的一方。陶宏景注："己实不足，不自知而内讼，而反攻人之过，窒他为非，如此者反也。"

[译文]

巧言令色、谄媚讨好，以求得忠诚之名；阿谀的言论，假装渊博以求智慧之名。

平实之言，是通过果断不疑的言辞以求刚勇之名；忧虑操心的言论，以求得信任；镇静沉着的言论，是知道自己不足，反而要通过责备他人以求取胜。

曲意奉承以满足对方的欲望，就是"谄"；以繁华虚浮堆砌辞藻的文辞炫耀自己，就是"渊博"；善于选择谋略，然后再进言就是"权变"；说话时斩钉截铁，摒弃陈见，择言而进，毫不迟疑，就是"果决"；掩饰自己的不足，反而指责别人的过失，就是"反"。

故口者，几关也[1]，所以关闭情意也[2]；耳目者，心之佐助也[3]，所以窥间见奸邪[4]。故曰参调而应[5]，利道而动。故繁言而不乱[6]，翱翔而不迷[7]，变易而不危者，观要得理[8]。故无目者不可示以五色[9]，无耳者不可告以五音[10]。故不可以往者，无所开之也[11]；不可以来者，无所受之也。物有不通者，故不事也[12]。古人有言曰：

“口可以食，不可以言”者，言有讳忌也[13]，“众口铄金”[14]，言有曲故也[15]。

[注释]

1 几关：机关，这里借指事物的枢要、关键。关：本义是门闩。

2 关闭情意：宣布或封锁内心的情意。陶宏景注：“口者，所以发言语，故曰口者机关也。情意宜否，在于机关，故曰所以关闭情意也。”

3 佐助：辅佐，帮助。

4 窥：窥视。间：间隙。陶宏景注：“耳目所以助心通理，故曰心之佐助也。心得耳目，即能窥见间隙，见彼奸邪，故曰窥间见奸邪。”

5 参调而应：意谓耳、目、口三者相互协调和呼应。参：通“叁”，指心、耳、目三者。陶宏景注：“耳、目、心三者调和而相感应。则动必成功，吉，无不利。其所无则以顺道而动，故曰参调而应，利道而动也。”

6 繁言：烦琐的言辞。不乱：思绪并不紊乱。

7 翱翔：自由自在地飞翔，指随心所欲。

8 观要得理：观察事物的关键是得到规律和方法。要：要旨。陶宏景注：“苟能睹要得理，便可曲成不失。虽繁言纷葩不乱，翱翔越道而不迷，变易改当而不危也。”俞樾

《读书余录》认为，“变易而不危”的“危”应为“诡”。

9 五色：青、黄、赤、白、黑五种色彩，泛指各种颜色。

10 五音：宫、商、角、徵、羽五个音阶，泛指各种声音。陶宏景注：“五色为有目者施，故无目不可得而示其五色；五音为有耳者作，故无耳不可得而告其五音。此二者，为下文分也。”

11 开：开导，启发。

12 不事：不胡乱做事。陶宏景注：“此不可以往说于彼者，为彼暗滞，无所可开也；彼所不来说于此者，为此浅局，无所可受也。夫浅局之与暗滞，常闭塞而不通，故圣人不事也。”

13 讳忌：忌讳，禁忌。陶宏景注：“口食可以肥百体，故可食也；口言或可以招百殃，故不可以言也。言者触忌讳，故曰有忌讳也。”

14 铄金：熔化金属。

15 曲故：因私心而歪曲事物真相。陶宏景注：“金为坚物，众口能铄之，则以众口有私曲故也。故曰言有曲故也。”

[译文]

所以说，口是人体用来言谈的机关，如同门闩一样，是用来宣布或封锁情意的器官。

耳目是心的辅佐，是用来察知事物的矛盾，发现奸邪之人或邪恶之事。

所以说，耳朵、眼睛、心三者要协调呼应，事情就会朝着有利的方向发展。

因此，言辞繁多而思路不乱；思绪飞扬而不迷失方向；情况多变，而不发生危机，关键在于能够发现事物的要旨并能把握其规律。

所以说，对没有眼力的人，没有必要展示五颜六色给他看，对没有听力的人没有必要演奏音乐给他听。

因此，有些人是无法交往的，因为他思想闭塞不开窍，无法启发诱导他；有些人是不能游说的，因为他心胸狭隘，心门紧闭，不愿意接受别人的建议。人事物理不通者，就不要与之谋事。

古人说过："嘴巴可以吃东西，却不可随意讲话。"这是因为说话有很多的顾忌和忌讳；"众人议论，可以把金属熔化。"因为人们说话，往往由于有私心而歪曲事情的真相的缘故。

人之情[1]，出言则欲听[2]，举事则欲成。是故智者不用其所短，而用愚人之所长，不用其所拙[3]，而用愚人之所工[4]，故不困也[5]。言其有利者[6]，从其所长也；言其有害者，避其所短也。故介虫之捍也[7]，必以坚厚；

螫虫之动也[8]，必以毒螫。故禽兽知用其长，而谈者亦知其用而用也。

[注释]

1 人之情：人之常情。

2 欲听：想让对方听从。陶宏景注："可听在于合彼，可成在于顺理。此为下起端也。"

3 拙：笨拙，不灵活，引申为不善于。

4 工：精巧，擅长。

5 困：陷于困境。陶宏景注："智者之短，不胜愚人之长，故用愚人之长也；智者之拙，不胜愚人之工，故用愚人之工也。常能弃拙短而用工长，故不困也。"

6 言其有利者：说出某事物有利的原因。陶宏景注："人能从利之所长，避害之所短，故出言必见听，举事必有成功也。"

7 介虫：甲虫。

8 螫虫：有毒针的昆虫，如蜂、蝎等。陶宏景注："言介虫之捍也，入坚厚以自藏，螫虫之动也，行毒螫以自卫，此用其所长也，故能自免于害。至于其他鸟兽，莫不知用其长以自保全。谈者感此，亦知其所长而用之也。"

[译文]

人之常情，说出话来总希望别人听从，办起事情都希望能够成功。

因此，聪慧的人避免使用自己的短处，而利用愚笨人的长处；不用自己的笨拙的一面，宁肯使用愚笨人的特长。这样，他就不会陷于困窘的境地。

说某个事物对我有利，那是从它的长处来说的；说其有害，那是从它的短处来说的。

因此，甲虫在捍卫自己时，必定要凭借自己坚厚的外壳；螫虫在行动时，一定要使用自己的毒针。可见，连禽兽都知道要使用自己的长处，游说的人当然应该使用自己的优势。

故曰辞言有五[1]：曰病、曰怨、曰忧、曰怒、曰喜。故曰：病者，感衰气而不神也[2]；怨者，肠绝而无主也[3]；忧者，闭塞而不泄也[4]；怒者，妄动而不治也[5]；喜者，宣散而无要也[6]。此五者精则用之[7]，利则行之[8]。

[注释]

1 辞言：言辞。陶宏景注："五者有一，必失中和，而不平畅。"

2 衰气：有气无力，气息衰弱。陶宏景注："病者恍惚，故气衰而不神也。”

3 肠绝：情伤肠断，悲痛欲绝。无主：没有主见。陶宏景注：“怨者内动，故肠绝而言无主也。”“怨者”，秦氏刻本作“恐者”。

4 闭塞：抑郁，不顺畅。泄：宣泄。陶宏景注：“忧者快悒，故闭塞而言不泄也。”

5 妄动：草率，鲁莽。治：有条理，有秩序。陶宏景注：“怒者郁勃，故妄动而言不治也。”

6 宣散：散乱。要：要领。陶宏景注：“喜者摇荡，故宣散而言无要。”

7 精：精妙，精炼，情绪适度，思虑细密为精。

8 利：便于达意，增强说服力。陶宏景注：“五者，既失于平常，故用之在精而行之在利；其不精利，则废而止之也。”

［译文］

应对的言辞按语态可分为五类：病言、怨言、忧言、怒言、喜言。

病言，就是有气无力，没精打采的语言；怨言，就是伤心痛苦而没有主见的语言；忧言，就是情感抑郁，闭塞而不顺畅的语言；怒言，就是鲁莽胡乱而没有条理的语言；喜言，就是欢畅散乱，没有要点的语言。

这五种言辞，只有精通了它的妙用才能运用，在情况有利时才能实行之。

故与智者言，依于博[1]；与拙者言[2]，依于辨[3]；与辨者言，依于要[4]；与贵者言，依于势[5]；与富者言，依于高[6]；与贫者言，依于利；与贱者言[7]，依于谦；与勇者言，依于敢[8]；与愚者言，依于锐[9]。此其术也，而人常反之[10]。

[注释]

1 依：凭借、依靠。博：渊博。

2 拙：拙讷，不善言谈。

3 辨：明辨，能把道理说得清楚明白。

4 要：简明扼要。

5 势：气势。

6 高：高洁雅致。

7 贱者：地位低下的人。

8 敢：果敢。

9 锐：尖锐，敏锐。

10 反之：反其道而行之。陶宏景注："此量宜发言之术也。不达者反之，则逆理而不免成于害也。"

[译文]

因此，跟聪慧的人说话，要凭借渊博的知识；跟笨拙的人说话，要清楚易懂；跟能言善辩的人说话，要简明扼要；跟尊贵的人说话，要以强大的气势为依托；跟富有的人说话，要凭借雅致高洁；跟贫穷的人说话，要讲实际利益；跟地位低的人说话，要注意谦和；跟勇敢的人说话，要果断；跟愚笨的人说话，要敏锐。

这就是说话的艺术，但人们常常违反了这些原则。

是故与智者言，将此以明之[1]；与不智者言，将此以教之，而甚难为也。故言多类[2]，事多变。故终日言，不失其类，而事不乱[3]。终日不变[4]，而不失其主[5]。故智贵不妄[6]。听贵聪[7]，智贵明[8]，辞贵奇[9]。

[注释]

1 此：九依之术。陶宏景注："与智者语，将以其明斯术；与不智者语，以此术教之。然人迷罔日久，教之不易，故难为也。"

2 类：类别，种类。陶宏景注："言者条流舛杂，故多类也。事则随时变化，故多变也。"

3 而事不乱：事情不会错乱。陶宏景注："若言不失类，事亦不乱。"

4 终日不变：俞樾《读书余录》认为，当作“终日变”，“此本作终日变而不失其主，与上文终日言不失其类相对。注云不乱故不变，是其所据本已衍‘不’字”。

5 主：主旨。

6 妄：乱。陶宏景注：“不乱故不变，故其主有常。能令有常而不变者，智之用也。故其智可贵而不妄。”

7 聪：听得真切。

8 明：看得明白。

9 奇：说得奇妙。陶宏景注：“听聪则真伪不乱，知明则可否自分，辞奇则是非有证。三者能行，则功成事立，故须贵之。”

[译文]

因此，跟明智的人交谈，就运用这些方法来启发他；跟不聪慧的人讲话，就要用这些方法来教导他。然而，这是很难办到的。

总之，游说辞令多种多样，事情又随时变化。所以整天说话，不失去这些基本法则，事情就不会错乱。

整天说话内容多样而原则不变，就能不失掉主旨。所以智慧的人可贵之处在于思想镇定不妄动。听话贵在听得真切，智慧贵在明察事理，言辞贵在奇妙。

［评析］

“权”字，本义是秤锤，引申为衡量、斟酌。所谓“权”，就是对游说之辞要反复衡量，要善于取舍。陶宏景注：“权者，反复进却以居当也。”本篇的主旨是，经过既“揣”又“摩”，真正了解和准确把握对方以后，就要根据游说对象的特点和情况而反复衡量，修饰说辞，再制定对策，以达到游说的目的。

本篇论述的主要内容就是在论说过程中，如何依据局势，随机应变地选择恰当的说辞。善于把握形势的人，首先要衡量各种力量的轻重，揣摩对手的实情。

在原理论述上，首先讨论了为何要注意语言修辞。文中提出，游说，即“说者，说之也；说之者，资之也”。游说就是为了说服对方；要说服对方，就要使之明白，你讲的必须要对他有所帮助，而要达到目的，必须善于“饰言”，也就是要注意语言的修辞。例如，先寒暄闲聊，逐步引入正题。或者以对方关心的问题为起点，或者以对方同意的观点为导引。触龙说赵太后就是从谈家常开始，使她愠色稍解，而后引出正题，晓以大义。这也是一种情感攻势，容易奏效。在应对、问难、申说等对话过程中，都要做到“饰言”。

“饰言者，假之也。”这是一种掩饰正题的言谈。为了避开锋芒，有时往往运用修辞和逻辑手段，或运用寓言故事，旁敲侧击，拐弯抹角，晓喻对方，使对方领悟，以改变其思维方式和行为趋势。如鹬蚌相争、渔翁得利，庄周贷粟等，都是这一类。

“应对者，利辞也。”在上层交往、外交活动、礼仪场合的观点争辩中，很讲究应对能力，要求简洁、准确、有力、含义丰富地回答对方的问题。接应对方的话题，要求思维敏捷，语言明快，对答如流，才能说服对方。

“成义者，明之也。”陈述性主张，说明道理，目的是要人接受，使人悦服。这就要是非褒贬观点鲜明，论述清楚，以事实验证，富有说服力。

“难言者，却论也。”诘难性的语言，要揭示对方语言上的疏忽，逻辑上的混乱，观点上错误，从而挫其锋芒，逼其退却，达到否定对方观点的目的，对方不得不接受自己的观点。层层驳难对方，有时也是为了诱使对方暴露深层思想。

在论述“饰言”重要性之后，文章即对说辩的原理作了深入论述。先从身体内外信息交流的通道口、耳、目的功用讲起，“故口者，几关也，所以关闭情意也”，“耳目者，心之佐助也”，强调三者的协调运用，“参调而应”，用耳、目听取、观察对方的言辞和表情等，然后认真思量之后，通过口表达自己的观点，使双方逐步达成共识。所以说，游说的过程，就是双向交流的过程。明白于此，就要注意在游说过程中发挥口、耳、目的作用，根据对方的身份、地位、职业，并利用自己的特长去说服对方。“禽兽知用其长，而谈者亦知其用而用也。”

既然要注意语言修辞，就必须对言辞的特征进行研究。本篇首先把说辞分为佞言、谀言、平言、戚言、静言。这五种言辞是特别需要使用的，并说明了具体的要求和目的。可以根据游说对象的情况，依据说辩的形势需要，选择不同的说辞。

《鬼谷子》还讲述了选择语言过程中的五种禁忌：病言、怨言、忧言、怒言、喜言。这五种言辞在一般情况下是需要禁忌的，但如果掌握了它们的特殊妙用，在特定场合、特殊情况下使用，就能起到正常言辞所不能起到的作用。此外，本篇还论述了针对不同性格特点的人游说时要采取的九种不同态度，以及进献言辞“用其长”的方法，如“言其有利者，从其所长也”，“言其有害者，避其所短也”等。当然，需要提醒的是，鬼谷子主张灵活处世，并不是要丧失做人的准则。灵活处世是“圆”，做人的准则是“方”，“方圆有致”才是正确的处世之道。

总之，针对不同游说对象和形势去变化游说手法，选择不同游说方式，设置不同的言辞，全篇贯穿了一个权宜局势、随机应变的主旨。因此，在游说时，要随机应变，处处主动。说话主题鲜明，重点突出，条理清晰，才会有说服力。

谋篇第十

为人凡谋有道，必得其所因[1]，以求其情[2]。审得其情[3]，乃立三仪[4]。三仪者：曰上、曰中、曰下，参以立焉[5]，以生奇[6]。奇不知其所拥[7]，始于古之所从[8]。

［注释］

1 谋：谋划。所因：因循的理论、缘由。

2 情：实情。陶宏景注："得其所因，则其情可求。见情而谋，则事无不济。"

3 审：审察，弄清楚。

4 仪：法度，准则，等级。

5 参以立焉：三仪互相参照。

6 生奇：产生奇妙的计谋。

7 拥：通“壅”，被壅塞。

8 从：遵循。陶宏景注：“言审情之术，必立上智、中才、下愚，三者参以验之，然后奇计可得而生。奇计既生，莫不通达，故不知其所拥蔽。然此奇计，非自今也，乃始于古之顺道而动者，盖从于顺也。”

[译文]

凡是为人家谋划事情，都有一定的规律和法则，一定要了解到事情的缘由，从而探求出他的实情。

详尽地审察对方实情，需设定三仪，即三类标准：上策、中策、下策。三仪互相参验，相互吸收互补，确定出最恰切的那一个，奇谋就产生了。奇妙的谋略顺从天道事理，运用起来就没有什么壅塞。这是始于古代的启示。

故郑人之取玉也[1]，载司南之车[2]，为其不惑也。夫度材、量能、揣情者，亦事之司南也[3]。

[注释]

1 取玉：挖掘玉石。

2 载：乘坐。司南：指南，古代用来测方向的仪器。

3 事之司南：办事成功的“指南车”。

[译文]

因此，郑国人入深山采玉的时候，乘坐司南车，是为了不迷失方向。

那么，揣度才干、衡量能力，揣摩实情，也是谋划成事的司南。

故同情而俱相亲者[1]，其俱成者也[2]；同欲而相疏者[3]，其偏成者也[4]；同恶而相亲者[5]，其俱害者也[6]；同恶而相疏者，偏害者也[7]。故相益则亲，相损则疏，其数行也[8]。此所以察异同之分，其类一也。故墙坏于其隙，木毁于其节[9]，斯盖其分也。

[注释]

1 同情：心意相同。相亲：互相亲近。

2 俱成：双方都能成功，都有收获。

3 同欲：愿望相同。相疏：相互疏远。

4 偏成：其中一方有利。陶宏景注："诸同情欲，欲共谋立事，事若俱成，后必相亲；若乃一成一害，后必相疏。理之常也。"

5 同恶：一同被人憎恶。

6 俱害：双方都受到损害。

7 偏害：其中一方受害。陶宏景注："同恶，谓同为彼所恶。后若俱害，情必相亲；若乃一全一害，理必相疏，亦理之常也。”

8 数（shuò）行：屡屡出现。数：屡次。陶宏景注：“同异之分，用此而察。”

9 节：竹子或草木茎分枝长叶的部分。陶宏景注：“墙、木之毁，由于隙、节。况于人事之变，生于同异。故曰斯盖其分。”

[译文]

凡是情投意合而互相亲近的人，是因为双方都能获得成效；凡是思想情欲相同而互相疏远的人，是因为只有一方有利；凡是同时被人憎恶而关系密切，是因为双方都受到了损害；凡是同时被人憎恶而互相疏远的人，是因为只有一方受到损害。

所以说，相互有利就亲近，相互损害就疏远，这样的事情屡见不鲜。这也是用来审察同异之分的依据，同类事物道理都是一样的。

因此，墙往往从有裂缝之处倒塌，树木往往从有节的地方折断，这些危亡的产生大概就是源自事物的异同点。

故变生事，事生谋[1]，谋生计[2]，计生仪[3]，仪生说[4]，说生进[5]，进生退[6]，退生制[7]。因以制于事，故

百事一道[8]，而百度一数也[9]。

[注释]

1 谋：谋虑。

2 计：计划，方略。

3 仪：议论，商量。

4 说：说辞。

5 进：采纳执行。

6 退：退回。

7 制：制约。陶宏景注："言事有本根，各有从来。譬之卉木，因根而有枝条花叶。故曰：变隙，然后生于事业；生事业者，必须计谋；成计谋者，必须议说；议说者，必有当否，故须进退之。既有黜陟，须事以为法。"

8 百事：多种事物。

9 百度：各种法度。数：规律。陶宏景注："而百事百度，何莫由斯而至，其道数一也。"

[译文]

所以事态发生了变化，产生新事端；有了新的事端就要有深谋远虑；深谋远虑就会产生应对之策；有应对之策，必须要与人商议；商讨议论就产生了新的说辞；新的说辞符合事理就采纳执行；采纳执行中有不完善的地方，就要退回来加以提高完善；提高完善后确立正确的法则，可以以此来制约事物的发展。

可见，万事万物同一个道理，各种制度共一个法则。

夫仁人轻货[1]，不可诱以利，可使出费[2]；勇士轻难[3]，不可惧以患，可使据危[4]；智者达于数[5]，明予理，不可欺以不诚，可示以道理，可使立功——是三才也[6]。故愚者易蔽也[7]，不肖者易惧也[8]，贪者易诱也，是因事而裁之[9]。故为强者，积于弱也[10]；为直者，积于曲也；有余者，积于不足也。此其道术行也[11]。

［注释］

1 仁人：有德行的人。货：财物。

2 费：费用。

3 轻难：轻视患害灾难。

4 据危：扼守于险危之地。

5 数：天数，定律。

6 三才：仁人、勇者、智者三种人才。陶宏景注："使轻货者出费，则费可全；使轻难者据危，则危可安；使达数者立功，则功可成。总三材而用之，可光耀千里，岂独十二乘而已。"

7 蔽：被蒙蔽。

8 不肖：品行不端。

9 裁：裁决。陶宏景注："以此三术，取彼三短，可以立事、立功也。谋者因事兴虑，宜知之而裁之。故曰：因事而裁之。"

10 积：积累。

11 行：运行，体现。陶宏景注："柔弱胜于刚强，故积弱可以胜强；大直若曲，故积曲可以为直；少则得众，故积不足可以为有余。然则，以弱为强，以曲为直，以不足为有余，斯道术之所行。故曰道术行也。"

[译文]

仁人君子轻视财货，不可用利益诱惑他，却可以叫他捐助财物；勇敢的人自然轻视危难，不可用祸患恐吓他，却可让他扼守于险危之地；智慧的人通达天道事理，不可用不诚信的言行来欺骗他，可向他讲明道理，使他有机会建立功业。这是三种类型的人才。

愚蠢的人容易被蒙蔽，不肖之辈容易被恐吓，贪婪的人容易被诱惑。这是因人因事而异，来裁决不同的待人处世之法。

因此，强大是从弱小积累起来的，正直是以弯曲积累起来的，富余是从不足积累起来的。这都是道术得以实行的原因。

故外亲而内疏者[1]，说内[2]；内亲而外疏者，说外[3]。故因其疑以变之[4]，因其见以然之[5]，因其说以要之[6]，因其势以成之，因其恶以权之[7]，因其患以斥之[8]。摩而恐之[9]，高而动之[10]，微而正之[11]；符而应之[12]，拥而塞之[13]，乱而惑之，是谓计谋。

[注释]

1 外：表面。内：内心。

2 说内：通过适宜的言辞打动其内心。

3 说外：通过游说改变其外在的态度。陶宏景注："外阳相亲，而内实疏者，说内以除其内疏；内实相亲，而外阳疏者，说外以除其外疏也。"

4 因：因者，顺也。变之：改变策略，使之疑心改变。

5 见：同"现"，表现。然之：使对方的看法得到肯定。陶宏景注："若内外无亲而怀疑者，则因其疑而变化之；彼或因见而有所见，则因其所见而然之。"

6 要之：归纳概括。陶宏景注："既然见彼或有可否之说，则因其说要结之；可否既形，便有去就之势，则因其势以成就之。"

7 权之：为对方权衡利弊。

8 斥：排斥，排除。陶宏景注："去就既成，或有恶患，则因其恶也以权量之。因其患也为斥除之。"

9 摩：揣摩。

10 高：高远的言论。陶宏景注："患恶既除，或恃胜而骄者，便切摩以恐惧之，高危以感动之。"

11 正：通"证"，证明。

12 符而应之：由外在的表象推测出他的内心想法，然后应和之。符：验证。陶宏景注："虽恐动之，尚不知变者，则微有所引据以证之，为设符验以应之。"

13 拥：通"壅"，堵塞。陶宏景注："虽有为设引据、符验，尚不知变者，此则惑深不可救也。使拥而塞之，乱而惑之，因抵而得之。如此者，可以计谋之用也。"

[译文]

因此，如果对方表面亲近，而内心疏远，就要通过适宜的言辞打动其内心，使之归心与我；如果对方内心与你亲近，而表面疏远，就要从改变他的外部状态入手，使其对你亲近起来。

因此，要顺着对方的疑虑之心，改变游说的方法，以打消他的顾虑；顺着对方的表现来认同他，鼓励他；顺着对方的说法来做个归纳总结，理解他的本意；顺着形势的变化来帮他，成就他；对方有厌恶的事情，而为他权衡利弊，做好参谋；顺着对方所担心的问题，而为他设法排除。

要揣摩透他的心意，然后恐吓他，使他产生戒惧心理；

要用立意高远的议论，使他内心产生震动；要微妙地引用先例和相应的事实来证明你的论断；还不能奏效，就由外在的表象推测出他的内心想法，然后应和之；闭塞他的视听，隔绝他的信息，打乱他的思维，迷惑他的理智，进而完全控制他。这就叫作计谋。

计谋之用，公不如私[1]，私不如结[2]，结而无隙者也[3]。正不如奇[4]，奇流而不止者也。故说人主者，必与之言奇；说人臣者，必与之言私[5]。其身内[6]、其言外者[7]，疏；其身外、其言内者，危。无以人之所不欲[8]，而强之于人[9]；无以人之所不知，而教之于人。人之有好也[10]，学而顺之[11]；人之有恶也[12]，避而讳之[13]。故阴道而阳取之也[14]。故去之者[15]，纵之[16]，纵之者，乘之[17]。貌者不美又不恶[18]，故至情托焉[19]。

［注释］

1 私：私下，秘密。

2 结：结党，结交密谋。

3 隙：空隙，裂缝。陶宏景注："公者，扬于王庭，名为聚讼，莫执其咎，其事难成；私者，不出门庭，慎密无失，其功可立。故公不如私。虽复潜谋，不如与彼要结。二人同心，物莫之间，欲求其隙，其可得乎？"

4 正：常规，正法。奇：出人意料的，令人不测的。陶宏景注：“正者，循理守常，难以速进；奇者，反经合义，事同机发。故正不如奇。奇计一行，则流通而莫知止也，故曰奇流而不止者也。”

5“故说人主者”句：陶宏景注：“与人主言奇，则非常之功可立；与人臣言私，则保身之道可全。”

6 内：亲近。

7 外：圈子之外。陶宏景注：“身在内，而言外泄者，必见疏也；身居外，而言深切者，必见危也。”

8 无：不要。人之所不欲：人们所不想要的。

9 强：强加。陶宏景注：“谓其事虽近，彼所不欲，莫强与之；将生恨怒也。教人当以所知；今反以人所不知教之，犹以暗除暗，岂为益哉！”秦氏刻本云：“别本作无以身之所不欲。”

10 好：优点，长处，爱好。

11 学：学习，仿效。顺：顺从、迎合。

12 恶：厌恶。

13 讳：忌讳。

14 阴道：隐秘的方式。阳取之：公开的方式获得。陶宏景注：“学顺人之所好，避讳人之所恶。但阴自为之，非彼所逆，彼必感悦，明言以报之。故曰阴道而阳取之也。”

15 去：除掉。

16 纵：放纵，听任。

17 乘：乘机。陶宏景注："将欲去之，必先听从，令极其过恶。过恶既极，便可以法乘之。故曰纵之者，乘之也。"

18 貌：外表的样子。

19 至情：至诚的感情 。托：托付。陶宏景注："貌者，谓察人之貌，以知其情也。谓其人中和平淡，见善不美，见恶不非，如此者可以至情托之。故曰至情托焉。"

[译文]

计谋的运用，公开商讨不如私下密谋；私下密谋，又不如结成死党；结成了死党，生命利益与共，别人就无可乘之机。

循常规不如出奇计，奇计异谋如同流水般变化无穷、奔腾不息。

所以游说君主时，一定要跟他讲奇策；游说大臣时，一定要跟他讲私人的切身利害。

关系亲密，但说话见外不贴心，就会被逐渐疏远；关系疏远，但说话深入内部，比亲近之人更关切内情，就会招来疑心而危险。

不要把别人不情愿的事强加给人家，也不要把别人无法理解的事说教别人。

别人有什么特长、爱好，要学习仿效而迎合他；别人有什么厌恶的事，要为他隐讳以免引起不快。要用暗中讨好的方式，换取公开的回报。

因此，将要除掉某人，先要放纵他任其非为；放纵他正是为了抓住把柄乘机一举除掉他。

如果某人外表不善也不恶，不喜怒于色，那就说明他内心深沉、处事冷静、修为到家，可以把大事重任相托。

可知者[1]，可用也；不可知者，谋者所不用也。故曰“事贵制人[2]，而不贵见制于人[3]”。制人者，握权也[4]；见制于人者，制命也[5]。故圣人之道阴[6]，愚人之道阳[7]。智者事易[8]，而不智者事难。以此观之，亡不可以为存，而危不可以为安，然而无为而贵智矣。[9]智用于众人之所不能知[10]，而能用于众人之所不能见。既用[11]，见可[12]，择事而为之，所以自为也。见不可，择事而为之，所以为人也。故先王之道阴。言有之曰：“天地之化，在高在深；圣人之制道，在隐于匿。非独忠信仁义也，中正而已矣[13]。”道理达于此义者[14]，则可于言。由能得此[15]，则可以谷远近之义[16]。

［注释］

1 可知：可以知心交底的。陶宏景注：“谓彼情宽密，可令知者，可为用谋，故曰可知者可用也。其不宽密，不可令知者，谋者不为用也，故曰不可知者，谋者所不用也。”

2 制：控制。

3 见：被人控制。

4 握权：掌握事情的主动权。

5 制命：命运被别人操控。陶宏景注：“制命者，言命为人所制也。”

6 阴：暗中进行，不显山露水。

7 阳：公开，张扬。陶宏景注：“圣人之道，内阳而外阴；愚人之道，内阴而外阳。”

8 事易：成事容易。

9 事难：成事困难。陶宏景注认为是“事”为侍奉，看上下文似不吻合。无为而贵智：顺应自然而推崇智谋。陶宏景注：“智者宽恕，故易事；愚者猜忌，故难事。然而，不智者必有危亡之祸。以其难事，故贤者莫得申其计划。则亡者遂亡。危者遂危。欲求安存，不亦难乎？今欲存其亡，安其危，则他莫能为，唯智者可矣。故曰无为而贵智矣。”

10 众人：普通人，民众。陶宏景注：“众人所不能知，众人所不能见，智独能用之，所以贵于智矣。”

11 既：表示“……之后”。

12 见可：发现可行。陶宏景原作“见可否”，俞樾《读书余录》云：“此以见可、见不可相对为文，不当云见可否也。否，衍字。”陶宏景注：“亦既用智，先己而后人。所见可否，择事为之，将此自为；所见不可，择事而为之，将此为人。亦犹伯乐教所亲相驽骀，教所憎相千里也。”

13 中正：要合于中正之道。陶宏景注：“言先王之道，贵于阴密。寻古遗言。证有此理，曰：天地之化，唯在高深；圣人之道，唯在隐匿。所隐者中正，自然合道，非专在仁义忠信也。故曰非独忠信仁义。”

14 道理达于此义者：能够通达这个道理。道藏本作“道理通达此义之”。秦氏刻本云：“原本作之，据别本改正。”陶宏景注：“言谋者晓达道理，能于此义达畅，则司与语至而言极矣。”

15 由能得此：如果能得到此道。

16 谷：悦近来远，让天下归服。陶宏景注：“谷，养也。若能得此道之义，则可与居大宝之位，养远近之人，诱于仁寿之域也。”

[译文]

可以知心交底、能够掌握的人，就可重用他；不可以知心交底、不能掌握的人，智谋之士不会重用他。

所以说，办事贵在能控制别人，而不是被别人控制。所谓控制别人，就是自己要掌握事情的主动权；所谓被别人控制，就是身家命运被别人操控。

因此，圣人的处世的法则是隐蔽的，悄悄进行；愚笨的人做事公开，大肆张扬。

聪明的人办事容易成功，愚笨的人成事困难。由此看来，愚蠢的败亡者做的事情是没办法使其生存的，他们造成的危急的局势是无法转危为安的。然而，圣智之人遵循规律而崇尚智慧行事。

智谋要用在普通人不知晓和不能理解的地方，用在普通民众无法发现和看不到的地方。

既然智慧和才能的使用贵在隐秘，那么在使用过程中，如果可以做到隐秘，就选择应该做的事去悄悄实施，这是为了确保实现自己的目的；如果在使用过程中，智慧、才能不能够做到隐秘，那么选择可以公开实施自己的谋略主张的事情来做，向对方显示自己这样做，目的是为了对方。

因此，古圣先王的处世行事之道是隐秘的。有句话是这样说的："天地运行变化，在高深玄妙；圣人处世之道，在隐秘藏匿。"不在于表面讲忠、信、仁、义，而是寻求到合乎事理的中正之道而已。

能够通达这种道理精义的人，才可以与他谈谋略。如果能够懂得这个道理，就可以以道义感召培养远近四方民众。

[评析]

本篇与《权》篇是姊妹篇，故人们往往"权""谋"并提。这两篇各有侧重，《权》篇主要讨论熟悉衡量游说对象，《谋》

篇主要讨论如何讲究谋略，出谋划策，涉及计谋的法则、对象、产生、特点、原则、使用方法等，这是揣、摩、权、谋、决整个说服过程中的重要环节，也是成事之关键。

关于计谋的法则，鬼谷子认为，“凡谋有道，必得其所因，以求其情”。凡谋划策略，皆有一定之规律可循。首先要追寻问题产生的缘由，然后掌握其实际情况，即“审得其情”，这是内因；再者，人与事的外部关系也呈复杂状态，有同情同恶的，有相亲相疏的，有俱成偏害的，其观点同异，关系亲疏，喜悲利害，都要仔细分析，准确地把握其外因。就如郑国玉工到旷野去采玉，需乘司南之车，才不会迷失方向，处世也要度其才，量其能，揣其情，把握其因由和指向。

关于计谋的标准，考察并掌握实际情况之后，确立计谋的标准，“乃立三仪”，设计上策、中策和下策，然后根据需要确定一种，或吸取各种计策之优点。这是最基本的谋划标准。

关于计谋的对象，在计谋实施过程中，鬼谷子强调要因人而异，因事制宜。一、因人主决策，要按对方的意图或面临的问题去制定策略；二、因亲疏关系决策，亲近可直言、简言，远者要细说、有耐心、得体，使对方感到亲切；三、因人品而决策，贪者以利诱之，愚者哄骗之，不肖者恐吓之，而让仁者出费，让勇士据危，让智者立功。因人因事而裁之，则谋无不成，事无不可！

关于计谋产生的流程，“变生事，事生谋，谋生计，计生议，议生说，说生进，进生退，退生制，因以制于事”。形势的变化是事物发展的必然，所以我们要筹谋如何把态势引向有利于我的方向，进而产生解决问题的方案，方案产生后要分析论证，论证后觉得可行，就要付诸实践，并在具体的实践中合理调整，形成切实可行的法则，用以制约事物的发展！

关于计谋的方法，要注意人际关系，因顺对方，隐秘奇巧。即“善因”，“因其见以然之，因其说以要之，因其势以成之，因其恶以权之，因其患以斥之”，就是要善于依凭并利用客体的实际情况，因势利导，因人因事而权变。按照“因”的方法，结合抵巇术击其危险之处，“摩而恐之，高而动之，微而正之，符而应之，拥而塞之，乱而惑之”，“是谓计谋”。

关于计谋的原则，就是“阴”。“圣人之道，阴”，因而计谋要在隐匿的情况下进行，切记不要泄密。谋之于阴而人不知，可用！计谋可成，此所谓“阴”谋。

本篇最后讲到“非独忠信仁义也，中正而已矣”。计谋不在于表面讲忠、信、仁、义，而是寻求到合乎事理的中正之道而已。“中”即不偏不倚，恰到好处；“正”即正当、正道、正义。“中正”是我们做事的指南、尺度，也是鬼谷子追求的最高境界。

决篇第十一

为人凡决物[1]，必托于疑者[2]。善其用福[3]，恶其有患[4]；害，至于诱也[5]，终无惑偏[6]。有利焉，去其利，则不受也；奇之所托[7]。若有利于善者，隐托于恶[8]，则不受矣，致疏远。故其有使失利[9]，有使离害者[10]，此事之失[11]。

［注释］

1 决：决断，决策。

2 托：依托。

3 善其用福：喜欢得到福祉。

4 恶其有患：厌恶有祸患。陶宏景注：“有疑，然后决，故曰必托于疑者。凡人之情，用福则善，有患则恶。福患之理未明，疑之所由生。故曰：善用其福，恶有其患。然善于决疑者，必诱得其情，乃能断其可否也。”

5 诱：诱导对方说出实情。

6 惑：疑惑。偏：偏颇。陶宏景注：“怀疑曰惑，不正曰偏。决者能无惑偏，行者乃有通济，然后福利生焉。若乃去其福利，则疑者不受其决。”俞樾《读书余录》云：“至于诱也，终无惑。偏有利焉，去其利，则不受也。”

7 奇：奇妙的策谋。托：寄托，凭借。

8 隐托于恶：隐藏在恶的表面之下。陶宏景注：“谓疑者本有利善，而决者隐其利善之情，反托之于恶，则不受其决，更致疏远矣。”

9 失利：失去利益。

10 离：通“罹”，遭受。

11 事之失：决策失误。陶宏景注：“言上之二者，或去利托于恶，疑者既不受其决，则所行罔能通济，故有失利，罹害之败焉。凡此皆决事之失也。”

［译文］

人们但凡要决断事情，必定是心存疑难。人们以得到福祉为善，厌恶有祸患。

即使有害的事情，如果先诱导对方说出实情，最终决断事情也不至于使对方感到疑惑而产生偏见或误解。事物总是存在利益点，如果决断不能带来利益，人们就不会接受。

决定奇谋的依托，是让对方获得某种利益；如果这种利益隐藏在恶或祸患的表面之下，对方就不会接受，就可能招致疏远。

因此，在决策方面如果使对方丧失某种利益，或者使对方遭受灾害，这是决断的失误。

圣人所以能成其事者有五：有以阳德之者[1]，有以阴贼之者，有以信诚之者[2]，有以蔽匿之者[3]，有以平素之者[4]。阳励于一言[5]，阴励于二言[6]，平素[7]、枢机以用[8]。四者微而施之。于是度之往事[9]，验之来事[10]，参之平素[11]，可则决之。

[注释]

1 以阳德之：公开施加恩德，感化对方。

2 以阴贼之：用计谋暗中伤害对方。以信诚之：待之以诚信，使人诚服。

3 以蔽匿之：欺瞒蒙蔽对方。

4 以平素之：按平常的办法对待对方。陶宏景注：“圣人善变通，穷物理，凡所决事期于必成。事成理著者，以阳德决之；情隐言伪者，以阴贼决之；道成志直者，以信诚决之；奸小祸微者，以隐匿决之；循常守故者，以平素决之。”

5 励：勉也。这里是指追求。阳励于一言：用阳德的手段要始终如一。

6 阴励于二言：用阴贼的手段要变化多端，使对方真假难辨。

7 平素：平时，通常。

8 枢机：引申为关键。陶宏景注："励：勉也。阳为君道，故所言必励于一。一，无为也。阴为臣道，故所言必励于二。二，有为也。君道无为，故以平素为主；臣道有为，故以枢机为用。言一也，二也，平素也，枢机也，四者其所施为，必精微而契妙，然后事行而理不难。"

9 度：度量。

10 验：验证。

11 参：参考。陶宏景注："君臣既有定分，然后度往验来，参以平常，计其是非。于理既可，则为决之。"

[译文]

圣人之所以能够成就大事业，方法有五种：公开施加恩德，感化对方；用计谋暗中伤害对方；待之以诚信，使人诚服；欺瞒蒙蔽对方；按平常的办法对待对方。

如果用阳德的手段要始终如一，讲究信誉；用阴贼的手段要用变化多端的话语，使对方真假难辨。平常的手段，加上关键时候的阳德、阴贼、信诚、蔽匿四种手段和阴、阳二手，这四种方式都要微妙地交互使用。

在决断事情时，要用过去的事来衡量，推演未来的发展趋势，用平日经常发生的事来参考佐证。如果可行，就可做出决断。

王公大人之事也，危而美名者[1]，可则决之；不用费力而易成者，可则决之[2]；用力犯勤苦[3]，然不得已而为之者[4]，可则决之；去患者[5]，可则决之；从福者[6]，可则决之。故夫决情定疑，万事之机[7]，以正乱治，决成败，难为者。故先王乃用蓍龟者[8]，以自决也。

[注释]

1 危：高。美名：美誉。陶宏景注："危，由高也。事高而名美者，则为决之。"秦氏刻本云："美，一本作变。"

2 不用费力而易成者，可则决之：陶宏景注："所谓惠而不费，故为决之。"

3 犯：遭受。

4 不得已：无可奈何只好如此。陶宏景注："所谓知之所无奈何，安之若命，故为之决。"

5 去患：去除忧患。

6 从福：能得到福祉。陶宏景注："去患从福之人，理之大顺，故为之决也。"

7 机：枢机，关键，要点。陶宏景注："治乱以之正，成败以之决，失之毫厘，差之千里，枢机之发，荣辱之主，故曰难为。"

8 先王：先代圣明的君王。蓍（shī）：蓍草，卜筮的工具，用以推测吉凶。《周易》六十四卦，即用蓍草反复排列组合而成。龟：指龟甲，占卜吉凶的工具。陶宏景注："夫以先王之圣智，无所不通，犹用蓍龟以自决，况自斯以下，而可以专己自信，不博谋于通识者哉！"

[译文]

王公大人的事情，有五种情况可以立即决断：如果事情崇高又能获得美好声誉，只要可行，就可以做出决断；如果事情不用花费太多的财物和精力就可以轻易地获得成功，只要可行，就可以做出决断；即使事情办起来很费力辛苦，但又不得不做，只要可行，就可以做出决断；如果这件事能去除忧患的，只要可行，就可以做出决断；能得到福祉的事情，只要可行，就可以做出决断。

总之，决断事情与消除疑惑，是办好一切事情的关键。拨乱反正，决定兴衰成败，是很难做到的。

因此，古圣先王遇到重大问题，才借用蓍草和龟甲占卜，帮助自己做出决断。

［评析］

决断主要是针对各种有疑虑的事情，故本篇的中心是“决情定疑”四字，主要内容是为王公大人们决断疑难。

从现存的文字来看，本篇论述了决断的起因、原则、方法、意义等，篇幅虽短，但对后人作出科学决策具有重要的指导意义。

决断的起因，“决物，必托于疑者”，有疑难才需要决断，因此，有疑难是决策的起因。决策的目的是避开祸患、取得利益，达到自己想要的结果。

决断的原则，“善其用福，恶其有患害”，决断的关键是“趋利避害”。因此，“趋利避害”为决策者行动之原则。

决断的方法，包括五种成事的方法、四种具体方式和五种可以立即决断的情况。

鬼谷子列举了圣人成事的五种方法：“阳德之者”，就是公开施加恩德，公开肯定他、鼓励他，以稳定其思维和行为，同时取得好感，可密切双方关系，感化对方；“阴贼之者”，就是暗地里对对方有意设置障碍，显其弱点，贬其优势，以便无形中牵制对方，役使对方；“信诚之者”，就是仁义至则天下化，真诚至则金石开，示人以诚，取人以信，使人有信赖感，建立信任度；“蔽匿之者”，就是不能交实底的，就在佯装下暗中进行；“平素之者”，就是对于常人、常事、常理，以通常方法断事。

四种方式，即“平素、枢机”，即常理决断，关键时候的阳德、阴贼、信诚、蔽匿四种手段和阴、阳二手，这四种方式都要微妙地交互使用。

鬼谷子还提出了决断的客观依据。决断要综合考虑，包括过去、现在和将来的情况。鬼谷子注重从动态过程中，即从前后联系发展中去作决断。一要以往事来度量。注重往事，即注重经验。经验是认识的基础、决策的依据，即“度以往事”。人总是从自身经验中去寻找未来的通道。注重往事，也就是注重前因分析。二要以来事来验证。要善于觉察未来的前期征兆，以作出符合发展趋势的决断，即“验之来事”。应有趋前意识，善作超前思考，作出超前认定。前瞻是对行为后果的判断，可能性判断，超前性判断。三要以现实来参照，即“参以平素”。

五种可以立即决断的情况：其一，能够获得好的名声；其二，不用费多少力，事情就能办成功；其三，虽然此事做起来需要付出艰苦努力，但迫不得已而不得不做；其四，能够去除祸患；其五，能够得到福祉。

符言第十二

安、徐、正、静[1]**，其被节无不肉**[2]**。善与而不静**[3]**，虚心平意**[4]**，以待倾损**[5]**。有主位**[6]**。**

[注释]

1 安：安详。徐：从容。正：正直。静：沉静。

2 被节：统御，管理。节：节度。"肉"：通"柔"，宽柔，仁爱。被节无不肉：据考证应是"柔节先定"。《黄帝书·十六经·顺道》云："大庭之有天下也，安徐正静，柔节先定。"陶宏景注："被，及也。肉，肥也，谓饶裕也。言人若居位，能安、徐、正、静，则所及人节度无不裕饶。"

3 善与：喜欢参与，指爱干预。不静：不能静下来，浮躁。

4 虚心：空心。平意：意志平平。

5 待：等待。倾损：倾倒损毁。陶宏景注："言人君善与事结而不安静者，但虚心平意以待之，倾损之期必至矣。"

6 有：通"右"，古代书籍皆从右向左直行书写，故"右"具有上文的意义。主位：保持君主地位。陶宏景注："主于位者，安、徐、正、静而已。"

[译文]

能够做到安详、从容、正直、沉静，就具有怀柔的统御之道，而臣民无不受其恩泽；与之相反，如果君主喜欢干预、扰乱臣民的生活秩序，躁动不能沉静下来，胸无大志，意志平平，等待他的可能就是倾覆败亡。以上是讲君王如何安于君位的道理。

目贵明[1]，耳贵聪[2]，心贵智[3]。以天下之目视者[4]，则无不见；以天下之耳听者，则无不闻；以天下之心思虑者，则无不知。辐凑并进[5]，则明不可塞。有主明[6]。

[注释]

1 明：明亮，指见识和眼光。

2 聪：听觉灵敏，指善听。

3 智：智慧敏锐。陶宏景注："目明则视无不见，耳聪则听无不闻，心智则思无不通。是三者无壅。则何措而非当也。”

4 以天下目视：用天下的人的眼睛去看。此三句意思为启发集体的力量。陶宏景注：“昔在帝尧，聪明文思，光宅天下，盖用此道也。”

5 辐凑：即“辐辏”，形容像辐条一样地向中心集聚。辐：连接车轮与车轴的辐条。凑：通“辏”，聚合。陶宏景注：“夫圣人不自用其聪明、思虑，而任之天下，故明者为之视，聪者为之听，智者为之谋，若云从龙，风以虎，霈然而莫之御，辐凑并进，不亦宜乎！若日月照临，其可塞哉？故曰明不可塞也。”

6 明：明察。陶宏景注：“主于明者，以天下之目视也。”

［译文］

眼睛贵在明亮，耳朵贵在灵敏，心灵贵在智慧。

君主如果用天下人的眼睛来看，就没有什么看不到的；如果用天下人的耳朵来听，就没有什么听不到的；如果用天下人的心来考虑，就没有什么不明白的。

如果天下的人都能像车辐条集辏于车轴上一样，同心同德，齐心协力，发挥他们的聪明才智，君主的明察便谁也堵塞不了。以上是讲君主如何保持洞察之明。

德之术曰[1]：勿坚而拒之[2]。许之则防守[3]，拒之则闭塞。高山仰之可极[4]，深渊度之可测[5]。神明之德术[6]，正静其莫之极欤。有主德[7]。

[注释]

1 德之术：崇德之术。德：思想品质。

2 坚而拒之：坚决拒绝。陶宏景注："崇德之术，在于恢弘博纳。山不让尘，故能成其高；海不辞流，故能成其深；圣人不拒众，故能成其大。故曰勿坚而拒之也。"

3 许：赞许，答应。防守：固守，防御。陶宏景注："言许而容之，众必归而防守；拒而逆之，众必违而闭塞。归而防守，则危可安；违而闭塞，则通更壅。夫崇德者安可以不宏纳哉！"《管子·九守》里"许之则防守"作"许之则失守"，"许"是"许诺"的意思。

4 仰：抬头仰望。极：顶端。

5 度：度量。测：测量。

6 神明：能够洞察一切。《淮南子·兵略》云："见人之所不见，谓之明；知人之所不知，谓之神。"陶宏景注："高莫过于山，犹可极；深莫过于渊，犹可测。若乃神明之位，德术正静，迎之不见其前，随之不见其后，其可测量乎哉！"

7 主德：君主的美德。陶宏景注："主于德者，在于含弘而勿拒也。"

[译文]

君主的一项美德是，听到一件事情不要马上坚决拒绝，也不要轻易许诺。许诺了就一定要做到信守自己的诺言；拒绝就会使自己闭塞，就听不到别人的建议。

山峰虽高，扬起头可看到它的顶端：深渊虽深，经过测量也可以得到它的深度；神明君主处在最尊贵的位置，要做到中正而沉静，高深而莫测。以上讲如何主德。

用赏贵信[1]，用刑贵正[2]。刑赏信正，必验耳目之所见闻，其所不见闻者，莫不暗化矣[3]。诚畅于天下[4]、神明，而况奸者干君[5]。有主赏[6]。

[注释]

1 信：说到做到。

2 正：公正。

3 暗化：潜移默化。陶宏景注："赏信，则立功之士致命捐生；刑正，则受戮之人没齿不怨也。"

4 诚：对待人们要诚实讲信用，不搞鬼鬼祟祟的把戏和阴谋诡计。畅：没有阻碍，通畅。天下：天下的人。

5 干：冒犯。陶宏景注："言每赏从信，则至信畅于天下，神明保之如赤子，天禄不倾如泰山，又况不逞之徒欲奋其奸谋干于君位者哉。此犹腐肉之齿，利剑锋接必无事矣。"

6 主赏：君主如何进行赏赐。陶宏景注："主于赏者，贵于信也。"

[译文]

实行赏赐贵在践诺诚信，实行刑罚贵在公正无私。赏罚是否分明，应通过民众平时所见所闻的事情来验证。这样对于那些没有亲眼看到和亲耳听到的人也能潜移默化。

如果真正能做到刑赏信正，使君主的德行畅行于天下，达到神明境地，又何惧那些奸邪之徒冒犯君主呢？以上所说的是如何进行赏罚。

一曰天之，二曰地之，三曰人之[1]。四方、上下，左右、前后。荧惑之处安在[2]。有主问[3]。

[注释]

1 此句指君主的知识范畴，包括上知天文、下知地理、中察人事。陶宏景注："天有逆顺之纪，地有孤虚之理，人有通塞之分。有天下者宜皆知之。"

2 荧惑：使人迷惑。陶宏景注："夫四方、上下、左右、前后，有阴阳向背之宜。有国从事者，不可不知。又，荧惑，天之法星，所居灾眚吉凶尤著。故曰：虽有明天子，必察荧惑之所在。故亦须知也。"

3 主问：君主询问。陶宏景注："主于问者，必辨三才之道"。

[译文]

君主询问的范围：一为天时，二为地理，三为人事。四方、上下、左右、前后的情况都要问得明明白白，了解得清清楚楚，哪里还有被人迷惑的地方？以上是说要善问。

心为九窍之治[1]，君为五官之长[2]。为善者，君与之赏[3]；为非者，君与之罚。君因其政之所以求[4]，因与之[5]，则不劳。圣人用之，故能赏之。因之循理，故能久长[6]。右主因[7]。

[注释]

1 九窍：双眼、双耳、双鼻孔、口、前后二便处。

2 五官：司徒、司马、司空、司士和司寇五种官职，这里泛指百官。陶宏景注："九窍运为，心之所使；五官动作，君之所命。"

3 为善者，君与之赏：陶宏景注："赏善罚非，为政之大经也。"

4 因其政之所以求：顺着政治的需要而行。因：根据，因循。

5 与：给予。陶宏景注："与者，应彼所求，求者，得应而悦。应求则取施不妄，得应则行之无怠。循性而动，何劳之有？”

6“圣人用之”句：陶宏景注：“因求而与，悦莫大焉；虽无玉帛，劝同赏矣。然因逆理，祸莫速焉。因之循理，固能长久也。”

7 右主因：陶宏景注：“主于因者，贵于循理。”

[译文]

心是各种器官运行的主宰，君主是各种官吏的首长。做善事的，君主赏赐他；干坏事的，君主就惩罚他。

君主因顺着治国理政的需要施行赏罚，就不会劳神费力。圣人用这种方法，所以能够掌握他们。因循政治形势需要而遵循道理，所以能够长治久安。以上是讲君主统御臣民之道。

人主不可不周[1]；人主不周，则群臣生乱，寂乎其无常也[2]，内外不通[3]，安知所开？开闭不善，不见原也[4]。有主周[5]。

[注释]

1 周：周全，细密。陶宏景注：“周，谓遍知物理。于理不周，故群臣乱也。”

2 寂：安静。无常：不正常。

3 通：沟通。《荀子·修身》曰：“趣舍无定，谓之无常。”“寂乎”二字，陶宏景注作“家乎”。陶宏景注：“家，犹业也。群臣既乱，则所业者无常。而内外闭塞，触途多碍，何如知所开乎。”

4 不见原：不能洞悉事情的本原。陶宏景注：“开闭，即捭阖也。既不用捭阖之理，不见为善之源也。”

5 主周：君主做事周全。陶宏景注：“主于周者，在于遍知物理。”

[译文]

做君主的不可以不周全。如果君主对周围的一切了解的不周详，做事不周密，那么群臣就会作乱。

人们都不说话是不正常的，内外信息不畅通，君主怎么能够知道处理国事、协调君臣的出口在哪呢？如果不善于掌握开合之术，就不能洞悉事物的本原。以上是讲君主做事要周全。

一曰长目，二曰飞耳，三曰树明。千里之外，隐微之中，是谓洞[1]。天下奸[2]，莫不暗变更[3]。有主恭[4]。

[注释]

1 洞：洞察。陶宏景注：“言以天下之心虑，则无不知。故千里之外、隐微之中。莫不玄览。”延伸耳目，使心里明察。陶宏景注："用天下之目察，故曰长视目；用天下之耳听，故曰飞耳；用天下之心虑，故曰树明者也。"

2 奸：不忠，奸诈，自私之徒。陶宏景注："既察隐微，故为奸之徒绝邪于心胸。故曰莫不暗变更也。"

3 变更：弃恶从善，更改前非。

4 主恭：君主洞察奸邪。陶宏景注："主于恭者，在于聪明文思。"俞樾《读书余录》云："恭字之义，与上所言一曰长目，二曰飞耳，三曰树明全不相涉，恭乃参字之误。"《管子·九守》作"右主参"。

[译文]

一要使眼睛看得长远，就要用天下人的眼睛来观察；二要使耳朵听得更远，就要用天下人的耳朵来听；三要使心里洞察一切，就要用天下人的心来感知。能够了解千里之外的情况，能够了解隐秘微小的事情，这叫作洞察。

如果君主能够洞察一切，那么天下为非作歹的奸邪之人就会悄悄改变自己的恶劣行为。以上是讲如何参验洞察奸邪。

循名而为[1]，实安而完[2]。名实相生[3]，反相为情[4]。故曰：名当则生于实[5]，实生于理，理生于名实之德[6]，德生于和[7]，和生于当。有主名[8]。

[注释]

1 循：因顺，依照。名：名分。

2 实：实际。完：完好。陶宏景注："实既副名，所以安全。"

3 名实相生：名分和实际互相依托，相辅相成。

4 反相为情：名分产生于实际，实际又反过来证明名分。陶宏景注："循名而为实，因实而生名，名实不亏，则情在其中。"

5 当：恰当，适当。陶宏景注："名当，自生于实；实立，自生于理。"

6 理：事理，指事物的规律。名实之德：名实相符的道德。陶宏景注："无理不当，则名实之德自生也。"

7 和：和谐，协调。陶宏景注："有德必和，能和自当。"或认为，和字是知（智）字之误。

8 主名：指名实相符。陶宏景注："主于名者，在于称实。"

[译文]

按照名分去做事，就会安全而完好。名分和实际相互助长，相辅相成。

所以说，名分适当是从实践中产生出来的，而实践是从事理中产生的。事理是从名实相符的道德中产生出来的。道德是从和谐中产生的，和谐是从适当中产生的。以上是说名实相符的重要。

［评析］

“符”，又称“符节”，是古代的重要凭信物。它用竹木或金属制作，上面书写文字，然后剖为两半，朝廷与接受命令的人员各自掌握一半，对证时，两半相合，称为“符验”。本篇的言语都是经过验证的完全符合规律的言语。《四库全书》题解云：“符言者，揣摩之所归也，捭阖之所守也，千圣之所宗也。如符然，故曰符言。”陶宏景注曰：“发言必验，有若符契，故曰符言。”

本篇实际上是一篇关于君主的职责素养的专论，主旨是重视思维能力的修养，由九部分组成：

一、身居人主之位的人，有一项基本的要求，即“安徐正静”，“虚心平意”。以静制动是良好的思维方法。这不仅讲从容文雅的仪表言行，而是说一虚二静的思维方法。虚，即虚心，没有私情私欲牵缠，不为成见所囿。虚心则能容物，谦逊可以和众。沉静是一种达人的风范。有沉静的雅量，才能荣辱不惊，默默进取；有沉静的襟怀，才能卓尔不群，自成一家。君主遇事要冷静，做到喜怒不形于色，《孙子》曰“将军之事静以幽”，静是带兵将领克敌制胜必备的心理品格。虚、静，都是说要形成良好心境，把握好心理定位，凡事有主见，不因变而躁，不因扰而动。

让臣下看不透君主内心的真实想法，高深莫测，不可捉摸。此为主位。

二、人主统御天下，必须胸怀全局，洞察真相。君主需要借助别人的力量，思维要明澈，就要以“天下”之目、耳、心去视、听、思，让各方面的信息汇集起来，像车轮的轴心和辐条一样，同时并进，才能保证明智，才能做到物无不见，音无不闻，事无不知。臣子也就不敢蒙蔽自己。“天下”，一指公心，不为私情私利所囿，不先入为主，才能明察明断；二指要有高度思维，观察与思考，要能放开，扩大观察思考的范围，也能收拢、聚焦，辐辏并进，这样才能明无不见。此为主明。

三、心存四海，故能怀抱宇宙，驰骋天下。君主治理天下，自身有德，自能感化大众。广开言路，察纳雅言，才能有思维深度。其高无顶，其深无底，达到“神明”境界。此为主德。

四、人主以正治国，必赏罚分明。赏则言出必行，罚则严格执行。奖善罚恶，无私公正，赏罚必经考证而后行，才能取信于人，才能收到赏一劝百、罚一惩众的功效。如此才能让天下人心服口服，严肃社会风气，治理好国家。此为主赏。

五、人主要博学多才，不断提升自己的政治智慧。因而要善于学习，不耻下问。通天道，了地道，知人道。发现问题，寻根究底，深化认识。天下形势尽掌握在手中。此为主问。

六、人主统御之道贵在因政循理。为善就奖赏，为非就处罚，都是自然而然。因顺着政治的需要而行事，根据臣子的喜恶而行事，才能无为而治，固而久长。此为主因。

七、君主驾驭群臣，贵在平衡各方利益，做到周密周全。思维要全面、周密，要遍知百物，通晓万事，避免思维紊乱、失偏。做不到周密，人心就会失衡，失衡就会生矛盾，群臣就会生乱，彼此之间就不会同心同德，朝政内外沟通不畅，国家就会处于动荡之中。国君善于协调平衡各派利益，让群臣之间密切合作，国家就能得到很好的治理。此为主周。

八、领导者的思虑，是根据耳目所得到的信息为导向。所谓长目、飞耳，就是把自己的耳目延伸到最广、最远的领域，延伸到人群最隐秘的中间。天下有什么不利的动静，奸邪的诈谋，都能了如指掌。让坏人无处藏身，官风整肃，民风淳朴，人民安居乐业。此为主恭。

九、君主驾驭臣子，要循名责实，循名求实，因实定名，名实相生，互为内涵，名实相当。这是讲概念的准确性与统一性，避免语言、思维、逻辑混乱。给予臣子一定的官职，就要按其职位定期对其进行考察。对臣子的评价也应根据其职位名分作出评判。循名责实的目的最终是要臣子尽守本责，完成使命，君主依此给予评价与奖赏。此为主名术。

本篇提出的九个领导格言也是管理的要领、要诀，希望领导者能够完善管理。

转丸第十三

（存目，本章已佚）

胠乱第十四

（存目，本章已佚）

下卷

本经阴符七术

第一术　盛神法五龙[1]

盛神，中有五气[2]，神为之长[3]，心为之舍[4]，德为之人[5]，养神之所，归诸道[6]。

［注释］

1 盛神：使人的精神旺盛。法：效法。陶宏景注："五龙，五行之龙也。龙则变化无穷，神则阴阳不测。故盛神之道法五龙也。"

2 五气：五脏的精气。指心、肝、脾、肺、肾五脏之气，即神、魂、意、魄、志。五脏之气也是五行之气的体现。

3 长：主宰者。

4 舍：居所。

5 德为之人："人"字是"大"字之误。"德为之大"，就是有道德可以使精神壮大。

6 诸：之于。陶宏景注："五气，五脏之气也，谓神、魂、魄、精、志也。神居四者之中，故为之长；心能舍容，故为之舍；德能制邪，故为之人；然养事之宜，归之于道。"

[译文]

要使精神旺盛充沛，应效法五龙。

旺盛的精神中包含着五脏的精气，神是五脏精气的君主，心是神的依存之所。只有道德才能使精神伟大，养神的办法是让心与大道合一。

道者[1]，天地之始，一其纪也[2]，物之所造，天之所生，包宏[3]，无形化气，先天地而成，莫见其形，莫知其名，谓之神灵[4]。故道者，神明之源，一其化端。

[注释]

1 道：道家认为"道"是世界的本源与规律。

2 一：此指古人的哲学概念，为万物之源。道家认为，一是由"道"产生的原始混沌之气。纪：丝的头绪，开端。《老子》曰："道生一，一生二，二生三，三生万物。"陶宏景注："无名，天地之始，故曰道者天地之始。道始所生者一，故曰一其纪也。"

3 包宏：包容。

4 神灵：神灵是古代传说、宗教和神话中天地万物的创造者和主宰者。神灵是道的衍生。陶宏景注："言天道混成，阴阳陶铸，万物以之造化，天地以之生成，包容弘厚，莫见其形。至于化育之气，乃先天地而成，不可以状貌诘，不可以名字寻，妙万物而为言者也。是以谓之神灵。"

[译文]

道是天地的开始，道产生一，一是万物的开端。

万物的创造，天地的产生，都是从道而衍生的。道包容着多种无形的化育万物之气，在天地生成之前便形成了。无法看到其形状，无法知道其名称，于是就叫它"神灵"。

所以说，道是神明的本源，一是变化的开端。

是以德养五气[1]，心能得一，乃有其术[2]。术者，心气之道所由舍者[3]，神乃为之使[4]。九窍[5]、十二舍者[6]，气之门户，心之总摄也。

[注释]

1 德养五气：用道德涵养五气。

2 术：道术，即根据道而采用的方法。陶宏景注：“神明禀道而生，故曰道者神明之源也。化端不一，有时不化，故曰一其化端也。循理有成，谓之德。五气各有循理，则成功可致，故曰德养五气也。一者，无为而自然者也。心能无为，其术自生，故曰心能得一乃有其术也。”

3 心气之道：心气的活动规律。由：经过。舍：居所。

4 神乃为之使：精神是术的使者。陶宏景注：“心气合自然之道，乃能生术；术之有道由舍，则神乃为之使。”

5 九窍：双眼、双耳、双鼻孔、口、前后阴。

6 十二舍：十二脏腑，包括五脏，即心、肝、脾、肺、肾；六腑，即胆、膻中、胃、大（小）肠、三焦、膀胱。陶宏景注：“十二者，谓目见色、耳闻声、鼻受香、口知味、身觉触、意思事，根境互相停舍，故曰十二舍也。气候由之出入，故曰气之门户也。唯心之所操秉，故曰心之总摄也。”

[译文]

因此，人们只有用道德涵养五气，心里能守住一，才能产生神明的方法。道术是根据道而采用的策略、方法，是心气按规律活动的结果。精神是道术的使者。

人体的九窍、十二脏腑，都是气进进出出的门户，都由心统领。

生受之天[1]，谓之真人[2]；真人者，与天为一而知之者。内修练而知之[3]，谓之圣人；圣人者，以类知之[4]。故人与生一[5]，出于化物[6]。知类在窍[7]，有所疑惑，通于心术[8]，术必有不通[9]。其通也，五气得养，务在舍神[10]，此谓之化。化有五气者[11]，志也、思也、神也、德也；神其一长也[12]。

[注释]

1 生：通“性”，本性。

2 真人：道家称存养本性，修真得道的人。《文子》曰：“得天地之道者为真人。”《淮南子·本经训》曰：“莫生莫死，莫虚莫盈，是谓真人。”

3 内修炼：自我修炼。知之：得道。陶宏景注：“凡此皆受之于天，不亏其素，故曰真人。真人者，体同于天，故曰与天为一也。”

4 以类知之：以一般知通性，触类旁通。陶宏景注：“内修炼，谓假学而知之也。然圣人虽圣，犹假学而知，假学即非自然，故曰以类知之也。”

5 人与生一：人生在天地之间，最初的天性是一样的。

6 出于化物：出生之后随事物、环境不同而改变。陶宏景注：“言人相与生在天地之间，其得一也。既出之后，随物而化，故有不同也。”

7 知类在窍：通过感官了解事物。类：事物的类别。陶宏景注："窍，孔窍也。言知之事类，在于九窍。"

8 心术：心之所能。成玄英《庄子·天道》疏："术，能也。心之所能，谓之心术也。"

9 术必有不通：根据前后文及陶宏景注，应该是"心无其术，必有不通"。陶宏景注："然窍之所疑，必与术相通。若乃心无其术，（术）必不通也。"

10 舍神：使神得其所，集中精神、专心专一。舍：安置住宿。陶宏景注："心术能通，五气自养。故养五气者，务令来归舍。神既来舍，自然随理而化也。"

11 化有五气：由五气化育而出。化：外在事物通过九窍的感知和心术的加工，使自己通神而升华。本性由上天直接授予的人，叫作真人。

12 神其一长：精神是其领导。陶宏景注："言能化者，在于全五气。神其一长者，言能齐一志思而君长之。"

［译文］

通过修身养性、假以学习而得道的人，叫作圣人。圣人通过学习研究、触类旁通而悟道。

人虽然从一而生，内在本性是一样的，但随着各自出生之后随事物、环境不同而改变，即因积习不同而显得性格各异。人类认识各类事物，都是通过九窍。

如果有疑惑不解的地方，要通过心的思考而运用适宜的方法来判断；如果没有适宜的方法，必然不会通达。

心术通达之后，五脏精气得到涵养，这时要努力使心神合一，精神集中。这叫作“通神而化”。

五脏精气达到了通神而化的境界，就产生宏大的志向、清澈的思想、旺盛的精神、高尚的道德，精神是统一管理这四者的首领。

静和者[1]，养气。养气得其和，四者不衰，四边威势[2]，无不为，存而舍之[3]，是谓神化归于身，谓之真人。真人者，同天而合道[4]，执一而养产万类[5]，怀天心，施德养，无为以包志虑思意，而行威势者也。

士者通达之[6]，神盛，乃能养志。

[注释]

1 静和：心静平和。

2 四边威势：向四方发出威势。

3 存而舍之：吸收并储存。陶宏景注：“神既一长，故能静和而养气；气既养，德必和焉。四者，志、思、神、德也。四者能不衰，则四边威势无有不为常存而舍之，则神道变化自归于身。神化归身，可谓真人。”

4 同天合道：跟天同体、与道合一。

5 执一：坚守自然之道。陶宏景注："一者，无为也。言真人养产万类，怀抱天心，施德养育，皆以无为为之。故曰执一而产养万类。至于志意、思虑、运行威势，莫非自然循理而动、故曰无为以包也。"

6 士者：纵横策士。陶宏景注："然通达此道，其唯善为士乎？既能盛神，然后乃可养志。"

[译文]

养神须先静心，静心才能养气，养气才能气和，气和才能使神得养，神得养，则志、思、神、德就不会衰落，威势不散便能无所不为。如能将此威势存藏于内心，这叫作达到了神化的境界，这种人叫真人。

真人能与天同体、与道合一，能够坚守"一"，即把握自然之道，以此养育万物，怀着上天自然之心，施行恩德，用无为的思想指导意志、思虑，自然能使威势远播。

纵横策士通晓了这一点，精神旺盛充沛，才能培养高远宏大的志向。

[评析]

鬼谷子主张成就大事业者，要合道炼神，使身体强壮，精神饱满，神采奕奕，拥有无穷的魅力。"神"是人的精神。更具体一点说，是神采。神采是精神的风采。盛神，就是精神饱满旺盛，熠熠生辉，神采奕奕。其实，是一个人的言语和行动，随时飘逸着一种令人难以形容的风采，无形中具有一种力量，能使人们甘心情愿地跟从他或效忠他。

当对方不知道一个组织如何的时候，他经常会通过组织的领导来判断；当对方不知道一个人如何的时候，他就会通过他的精神风貌来判断。

唐太宗手下的一帮文臣武将不爱说话，整天死气沉沉的。但只要具有一股英姿飒爽之气的李世民一到场，气氛马上活跃起来。历史上对唐太宗有以下评价：光彩照人，谈笑风生，语惊四座，言服八荒。光彩照人，说明他具有出众的外表形象。谈笑风生，说明他具有非常强的人格魅力，很擅长和群众打成一片，有很强的亲和力。语惊四座，说明他具有很强的演说能力，在众人面前，能侃侃而谈，挥洒自如。在现代企业经营中，如果要做营销团队的领导者，演说能力、演说智慧能够极大提高他的领袖魅力，员工会觉得这样的人有思想、有头脑、有品位，跟他干有未来。言服八荒，说明这个人有很强的说服能力。一个人要具有专家一样的权威，明星一样的气质。专家一样的权威，是让大家对他产生信赖感；明星一样的气质，是让大家喜欢他。如果在你的企业里，在你的团队里，大家既相信你又喜欢你，你当然就有影响力。

因此，《鬼谷子》谈到领导人要“盛神法五龙”。盛的意思是旺盛。领导人不仅要有神采，而且要有旺盛的精力，要精神饱满、熠熠生辉、神采奕奕。“龙”有两个特点，自身能善变如神，对客观世界能兴风作雨，对自然有巨大的作用力。人也要像“龙”一样，要有旺盛的精力，富于阴阳变化，开合裕如，对客观世界有影响力、渗透力和推动力。

比如，程普说：“与公瑾交，如饮醇醪，不觉自醉。”和周瑜在一起共事，就像喝酒一样，不知不觉地被他陶醉，被他吸引了。比如，毛泽东谈笑风生，神态自若，眼神坚定，手势挥洒自如，妙语连珠并直达人心。比如，周恩来对自己的言谈举止要求极严，“一投足知身价”，“一张嘴定乾坤”。他没有太多的衣服，一件衣服可能穿十几年，但不管多么旧，只要站在众人面前，他的头发一定纹丝不乱，衣服一定熨得非常平坦。他任何时候跟人说话，都不会斜着眼看人，一定是正面对着他。他走的每个步幅都是一尺三，他说人走得太快缺乏稳重，走得太慢又显得懒散。

《鬼谷子》说：“盛神法五龙”。“盛神”是使精神旺盛，“法”是学习、仿效。神采不是天生的，神采可以通过学习，通过自己的修炼而获得。但神采最主要的是由内到外的流露，最重要的是身体内在各个器官要健康协调。“天有三宝日月星，人有三宝精气神。”精神重在身体的调理、保养，使五脏六腑达到调和。

《鬼谷子》说：“盛神，中有五气，神为之长，心为之舍，德为之人。养神之所，归诸道。”五龙就是“五气”。为什么鬼谷子不直接说五气，而说五龙呢？陶宏景说是因为取其变化无穷象“五行之龙”的意义。

《内经·素问》把人体内的脏腑列为十二组（十二舍），并以行政管理制度代表，加以说明：

心脏等于君主，神明从这里显出。（原文：心者，君主之官也，神明出焉。）（神明两个字，一个是神；一个是明，包括神采、聪明、睿智。表现在外的是喜。健康的心脏，其人比较乐观、积极。）

肺脏等于宰相，运作节制从这里显出。

肝脏等于将军，思维谋略从这里显出。

胆（腑）等于裁判，是非勇怯从这里显出。

膻中（腑，又称心包）指的是血管机能。《灵枢经》讨论经络，十二经中有心包经。血管是心脏的延伸，身体的循环系统。膻中等于君主的臣仆，喜乐欢畅从这里显出（如果血管堵塞，就会产生血压高、忧郁等症状）。

脾脏和胃（腑）等于仓廪府库，五味消化从这里显出。

大肠（腑）等于传导，消化后的渣滓排泄从这里显出。

小肠（腑）等于承受吸收，营养吸取，滋养从这里显出。

肾脏等于技术制作，意志创作从这里显出。

三焦（腑）等于决渎（内分泌）系统，内分泌腺（荷尔蒙）运作从这里显出。

膀胱（腑）等于州县，积聚的水液从这里排泄。

《内经》强调，这十二个器官互相作用，不得有任何差误。

可是“君主”（心脏）必须“神明健康”，因为它是十二舍之首长，统帅。它要是健康，以下器官才能顺次安顿，正常运作。《内经》说：依此道理养生，则会健康长寿；依此管理天下国家，才能昌盛。良医可以为良相；良相可以为良医。

在中医看来，一个人的情绪特质与五脏有关系。比如，喜对应心，怒对应肝，悲对应肺，忧对应脾，恐对应肾。

肝不好的人爱发脾气，爱发脾气反过来会影响肝。比如，一个人容易发怒，他可能肝脏有毛病，这时就应该先补肝、益肝。

如果肾有毛病，人易恐惧。为什么人各有命？是因为人各有志，志向不一样。志向决定心态，心态决定状态，状态决定生活状况！为什么志向不一样？第一，肾功能好不好？肾功能不好的话就可能胸无大志。因为志藏在肾里。第二，和哪些人在一起？那些人能不能激励你？第三，人受到的教育不同，所具有的见识也不同。

肝主谋略，肝功能很好的人则深谋远虑。

如果一个人太容易激动，容易大喜大悲，那可能是心脏出问题了。

如果是烦恼过度晚上睡不着觉，失眠，那就从健脾开始。

鬼谷子在这里提出一个“养”字，以德养五气；养“神”

之所，归诸道！他为纵横策士素养的完善，提出了解决的方案。根据宇宙的真理，人类身体的五脏六腑就必须按照规律运行。运行得合乎规律，就能平衡强健，使其具有正当的合理性与存在性。从内在的脏腑正当机能运行，就可能相应产生适当的聪明才智。

人内在的修为在于养，要有旺盛的精神必须使五脏六腑运行平衡，功能强健。而种种情绪都会影响一个人的内脏，内脏反过来也会影响一个人的外在情绪。当人心情不好的时候，看着什么都不高兴，觉得谁都对不起他。而哪天如果心情好了，人逢喜事精神爽，就会和颜悦色，就会变得和蔼可亲。心情好了见谁都打招呼，见谁都问好，见谁都微笑，就会一团和气，和气自然就能生财。五脏六腑得到调理以后，五气得养，人的心术就通了。心术通了，人会有充沛的精力，思虑就会精纯，就能获得真知灼见。

那么，如何养气？养气，就得让自己静下来，佛家叫作坐禅，强调戒、定、慧。戒，指控制自己的欲望不要随心所欲，控制欲望是为了顺应规律，然后达到定，心定则生静，静则生慧。儒家叫作止于至善，强调知止而后有定，定而后能静，静而后能安，安而后能虑，虑而后有所得，就是知道什么该做，什么不该做。让自己定下来，才能静下来，静下来才能心安理得，才能够认真思考，认真思考才能得到真知灼见。

鬼谷子告诉我们，顺应规律的人叫作真人，“真人者与天为一”，最高境界就是自然而然。比如，春季重在生发，肝属木，重在养肝，发散，经常洗澡可以发散出来。夏天的时候养心，贵在静。秋天要养肺，冬天要养肾，贵在藏。顺应规律，就是不吃违反时令的东西。夏天吃西瓜，因为它是凉性的，冬天就不要吃，冬天吃就是逆时节。比如，中午十二点钟阴阳交替的时候，心经当令，一定要学会休息。凌晨一点到三点之间是肝经当令的时间，这时需要上床休息、静卧，让肝顺利排毒。早上三四点钟咳嗽的病情会加重，因为那是肺排毒的时间。早上五点至七点钟一定要起床上厕所，那时大肠经当令，该排泄的时候就排泄。

主动去了解规律、见微知著、总结规律、顺应规律的人叫作圣贤，从凡人到贤人，再到圣人，最终到真人，就是了解规律顺应规律的过程。

凡人就是鬼谷子所说的众人，是不研究规律，不适应规律，随心所欲，浑浑噩噩，想怎么做就怎么做，顺应自己的欲望而不顺应规律的人。

真人能与天同体、与道合一，能够坚守“一”，即把握自然之道，以此养育万物，怀着上天自然之心，施行恩德。用无为的思想指导意志、思虑，自然能使威势远播。

第二术　养志法灵龟[1]

养志者，心气之思不达也[2]。有所欲，志存而思之。志者[3]，欲之使也。欲多则心散[4]，心散则志衰，志衰则思不达也。故心气一，则欲不徨[5]；欲不徨，则志意不衰；志意不衰，则思理达矣。理达则和通[6]，和通则乱气不烦于胸中[7]。

［注释］

1 养志：培养意志。灵龟：古人认为乌龟长寿有灵性，可用龟甲占卜预知吉凶，故称龟为“灵龟”。陶宏景注：“志者察是非，龟者知吉凶，故日养志法灵龟。”

2 心：古人认为心是主宰思维活动的器官。气：气机。指人体的活动机能。达：流畅通达。陶宏景注：“言以心气不达，故须养志以求通也。”

3 志者，欲之使也：志向是一个人欲望的代表。

4 心散：心神散乱，思想分散。陶宏景注：“此明纵欲者不能养气志，故所思不达者也。”

5 徨：彷徨。走来走去，犹豫不决，不知到什么地方去。陶宏景注：“此明寡欲者能养志，故思理达矣。”

6 和通：和平畅通。

7 气：人体内能使各个器官正常发挥机能的原动力。陶宏景注：“和通则莫不调畅，故乱气自消。”

[译文]

培养强大的意志要效法灵龟。之所以需要培养意志，是因为如果不培养意志，心神思路就不能畅达。

如果有了某种欲望，老是放在心里思虑，那么志向便被欲望所驱使。如果一个人的欲望太多，就会使得心神散乱。心神散乱，就会使得意志衰弱；意志衰弱，就会使得思想不清楚、不畅达。

心神专一，欲念就不彷徨，意志就不会衰退动摇。意志坚强，就能明达事理。事理明达，就能感到身体和平通畅，乱气杂念就不会搅乱于胸中。欲望无隙可乘，志向意愿就不会衰弱；志向意愿不衰弱，思路就会畅达。

故内以养志，外以知人。养志则心通矣，知人则分职明矣[1]。将欲用之于人，必先知其养气志，知人气盛衰[2]，而养其气志，察其所安[3]，以知其所能[4]。

[注释]

1 分职：职责。

2 知人：认识人，了解人。陶宏景注："心通则一身奉，职明则天下平。"

3 所安：所安心的事情。

4 所能：所能做的事情。陶宏景注："将欲用之于人，谓以养志之术用人也。养志则气盛，不养则气衰。盛衰既形，则其所安、所能可知矣。然则善于养志者，其唯寡欲乎！"

[译文]

因此，对内要培养志气，对外要了解他人。培养志气，心气就会畅通无碍，了解他人就会职责明确清晰。

如果要把培养心志之术用于对人（识人用人），就必须先要知道他是如何培养志气的。了解别人的志气的盛衰情况，然后培养他的志气，观察别人心思所在、志趣爱好在哪，从而了解他的才能如何。

志不养，则心气不固[1]；心气不固，则思虑不达；思虑不达，则志意不实[2]；志意不实，则应对不猛[3]；应对不猛，则志失而心气虚；志失而心气虚，则丧其神矣；神丧，则仿佛[4]；仿佛，则参会不一[5]。

［注释］

1 固：稳固。

2 实：坚实，坚定。

3 应对：对答，酬对。猛：迅猛，敏捷。陶宏景注："此明丧神始于志不养也。"

4 仿佛：神志不清，精力不集中。

5 参会：志向、思维、精神三者交会。不一：不专一。陶宏景注："仿佛，不精明之貌。参会：谓志、心、神三者之交会也。神不精明，则多违错。故参会不得其一。"

［译文］

如果志气得不到培养，那么心气就不稳固；心气不稳固，思路就不通达；思路不通达，意志便不坚实；意志不坚实，应对能力就不强；应对能力不强，就会志意丧失和心气衰弱；意志丧失和心气衰弱，说明他的精神颓丧了。

精神颓丧，就会神志不清；神志不清，志向、心思、精神三者就不能集中、协调、专一。

养志之始，务在安己[1]；己安，则志意实坚；志意实坚，则威势不分，神明常固守，乃能分之[2]。

［注释］

1 安己：使自己安定。

2 分之：分散为势，引申为散发影响力。陶宏景注："安者，谓少欲而心安也。威势既不分散，神明常来固守，如此则威积而势震物也。上分，谓散亡也；下分，谓我有其威，而能动彼，故曰乃能分也。"

［译文］

由此可见，培养志向的第一步，必须使自己安定；自己安定了，志意便会充实坚定；志意坚定了，威势就不会分散。神明固守不动，就能够形成强大的气场，从而散发威势。

［评析］

领导者要意志坚定，绝不能随意动摇。养志，是指确立自己的志向，即明确自己的追求与目标，"心之所之为志"。养志也就是培养人的意志力，即"志意坚实"，对目标执着追求，孜孜不已。养志也包括涵养主见，能达到思不"烦"，心不"乱"，不被迷惑，不受干扰。如果耳根子很软，别人说一句话就改变了坚定的志向，那就难成大事。专心才能专一，专一才能专注，专注才能专业，专业才能卓越，卓越才能够超越！不要受太多欲望的吸引，要知道自己该做什么，不该做什么，少些欲望才能保持灵活多变、通达事理的头脑。怎样才能做到志向如刚呢？《鬼谷子》第二篇里就谈到了“养志法灵龟”。

为什么要仿效灵龟？古人认为龟是有智慧的，龟以静制动，性情稳定，具有很强的意志，不容易受干扰。经常进健身房的或者运动员未必都长寿，而那些高僧、道士却往往可以活一百多岁。因为前者不断地活动，把身体的元气都激发到外表，外强而中干。而高僧、道士注重修行、注重养生，补中益气，调理内心，使内心平静，就会有超强的意志。而现代很多人晚上睡不着觉，心有牵挂，身心灵互相矛盾，这是对人体最大的消耗。

领导者为什么一定要培养坚强的志向？立大志才能有大出息，“养志”乃明志、坚志的内炼之道。明志是指明确自己的志向，坚志是指执着自己的目标。鬼谷子认为，做人要养志，看人要看志，养志的关键在于“去欲”和“安己”。

《鬼谷子》说：“志者，欲之使也。”志向是一个人欲望的代表，生命的本身就是一种欲望。但是，“欲多则心散，心散则志衰。志衰则思不达也”。欲望太多人就分心了，精力和时间也会不够用，人的内心感到很疲惫，思想不明确，导致无法行动，而不行动永远达不到自己的目标。“心气一，则欲不徨”，当志向只有一个时，没有太多欲望，不会犹豫，不会左右摇摆，很明确自己要什么，使身心灵合一，精神关注在一个地方，自己立下的志向就能达到。人能养志，才能心境和通，思虑畅达，神气稳固，反应敏捷。养志是为了能明察是非善恶。

一要去欲。欲，是人的欲望。人都有欲望，有欲望就会有需要，有需要就会有被人一击就破的弱点。这是人性的弱点。人的需要是多层次的，而欲是低层次的需要，志是高层次的追求。要养志，就要克服“多欲”。欲念的杂乱不定，说明一个人的心不专一，目标不坚定，因而就会左顾右盼，思虑分散，心中烦乱，理路不畅，志意衰竭，所以就要去芜存精，去欲存志。你精神关注的地方，就是能量聚集的地方，就像太阳能量很强大，却不会把钢铁熔断，最多给人很热的感觉，但是激光却可以把钢铁熔断，不是激光能量比太阳能量大，是因为它把能量都聚焦在一起。因此，养志的过程，就是克服俗念、俗欲的过程。有了志，才不会心烦、气虚、神衰、思乱，才能执着、坚强、敏捷。现在社会给人的欲望太多，有人常问我：“老师，我能不能做什么事？”我说：“不需要做太多的事情，把你自己擅长做的事情做到极致，所有你想要的都能如期而至。”

二要安己。在现实生活中，要达到“养志”的目的，首先就要安定自己的内心，努力做到心神合一，这样，欲望就无机可乘。世界上的事情纷繁复杂，只要意志坚定，心神合一，反复实践，就能顺利掌握其中的规律，事情也就变得得心应手、运用自如。心安才能养志，所以养志的起点在于安己。道家修炼入定，佛家修炼坐禅，儒家强调知止而后有定，鬼谷子更强调："志不养，则心气不固。心气不固，则思虑不达。思虑不达，则志意不实。志意不实，则应对不猛。"如果自己不具备坚强的意志，就会心气不固，不能定下来，那么思考就不能达到精纯，思考达不到精纯，意志就不坚。意志不坚，应变能力就不够。

鬼谷子甚至把言辞应对也放进去了，告诉纵横策士，成败除了自身素质之外，能不能调动大家的积极性也很重要。当路线确定了以后，干部是决定因素！怎样把干部发动起来？需要动员能力！需要领导者在言谈、沟通、演说、激励方面有很强的能力，而领导艺术第一要紧的就是言辞应对艺术。如果领导反应迟钝、用词不当，不能被大家理解，团队内部就不能合心合力合拍，团队就会一盘散沙。

"应对不猛，则失志而心气虚；志失而心气虚，则丧其神矣！"如果没有神气，人就会恍恍惚惚，神、心、志不合一。神、心、志不集中，那么就不能作出英明的决断。而要安己，关键在于寡欲，寡欲才能动机纯正，目标专一。养志之后也还是要安己，安己才能不受干扰，神明常在，专一不二，固守不移。安己才能高度凝聚精神力、思维力，形成爆发力，就会产生震物之威。

培养志向以后会有两个效果，鬼谷子说："内以养气，外以知人。养志，则心通矣；知人，则分职明矣。"领导者的领导艺术中，知人善任是重要的一着。用对了人，他的使命就已经成功了一半。领导者因为能够养志，所以他的神志清明，心明如镜，用来看人，知人，就能看得准。五脏六腑得到调理叫作内以养气。没有更多的欲望，心气合一，人晚上就能睡得着觉。

所谓外以知人，就是思虑很明确的时候，知道什么该做什么不该做，知道谁是愚，谁是慧，谁是贤，谁是不肖，他不会看错人，用错人。

诸葛亮一生英明，最终六出祁山未建其功，功亏一篑。原因是他用错了一个人，当时有王平、马岱、魏延等大将他不用，却让马谡这个没打过仗的人去应对老谋深算的司马懿。马谡不具有实际运作能力，让这人带团队，团队注定要失败。失了街亭，就失去了蜀国战胜的根基，诸葛亮一败涂地。

一个桌子为什么稳？是因为下面有四个桌腿在。现在企业里最需要解决的问题是什么？把老板解放出来。怎么把老板解放出来，要把下一级主管培养出来替代老板，把追随者培养成领导者。

诸葛亮打仗靠的是五虎上将——关羽、张飞、赵云、马超、黄忠，但五虎上将死了以后，“蜀中无大将，廖化做先锋”。诸葛亮只好事必躬亲，结果把身体累垮了。身体累垮了以后，心智不明，做错了决策，用错了人，最终兵败身死，让蜀国成为三个国家中最早败亡的国家。

其实，领导做好两件事情就行：第一件事情是定战略、定方向；第二件事情是知人善任，把合适的人安排到合适的位置上。

如果没有明确的思考，方向自然定不对；如果没有明确的思考，自然也不会知人善任。方向错了，人又用错了，目标当然达不成。当领导者会知人的时候，他就会去了解员工的禀赋志趣，把员工放在合适的岗位上。职责分明，让每个人都恪守其道，企业才能够正常地运转。鬼谷子说：“察其所安，以知其所能。”于是各人的“分、职”，就明明白白，清清楚楚，有条不紊。这样的管理就是最佳、最上乘、最不费力气、最成功的管理。

第三术　实意法螣蛇[1]

实意者，气之虑也[2]。心欲安静，虑欲深远。心安静则神明荣[3]，虑深远则计谋成。神明荣则志不可乱，计谋成则功不可间[4]。

[注释]

1 实意：指脾之气充沛而思虑精确。实：充实。意：意藏在脾内，是脾脏之气，是脾脏的精神状态，主思虑。螣蛇：传说中的一种灵蛇，能腾云驾雾，于云中飞舞。《尔雅》郭璞注："龙类，能兴云雾而游其中也。"《荀子·劝学》曰："螣蛇无足而飞。"《鬼谷子·反应》篇曰："符应不失，如螣蛇之所指。"陶宏景注："意委曲，蛇能屈伸，故实意法螣蛇也。"

2 气之虑：脾的气机，思维、谋虑活动。气：气机。“气”是古代的哲学与医学概念，在生理上是指神经与器官的功能。陶宏景注：“意实则气平，气平则虑审，故曰实意者气之虑也。”

3 神明荣：精神生机勃勃、旺盛充沛。荣：繁茂，旺盛。

4 间：离间，隔阻。陶宏景注：“智不可乱，故能成其计谋；功不可间，故能宁其邦国。”

[译文]

若要意念充实、精密思虑，必须效法螣蛇。意念充实、精密思虑，是脾脏之气的思维活动。心要安静平和，思虑要深邃长远。心一安静，精神就会旺盛充沛；思考一深远，谋划事情便能成功。精神旺盛充沛，心志就不会紊乱；谋划周详，事业的成功就不可阻挡。

意虑定则心遂安，心遂[1]安则所行不错[2]，神自得矣[3]，神得则凝[4]。识气寄[5]，奸邪得而倚之[6]，诈谋得而惑之，言无由心矣[7]。

[注释]

1 遂：顺，如意。

2 错：乱。

3 神自得：精神满足自得。

4 凝：精神集中。陶宏景注："心安则物无为而理顺，不思而玄览。故虽心之所行不错，神自得之，得之则无不成矣。凝者，成也。"

5 识气寄：心思游离不定。识气：智识，心气。寄：寄托，依附。

6 得：（借此）可以，能够。倚：凭借。

7 言无由心：未经思考脱口而出。陶宏景注："客，谓客寄。言识气非真，但客寄耳，故奸邪得而倚之，诈谋得而惑之。如此则言皆胸臆，无复由心也。"

[译文]

意志思虑安定，心境就会顺遂安静；心境顺遂安静，所行不会有差错。神气自得就会精神集中。如果心思游离不定，奸邪就会乘虚而入，欺诈阴谋也就会乘机迷惑人心，于是说出话来就不会经过心的仔细思量。

故信心术[1]，守真一而不化[2]，待人意虑之交会[3]，听之候之也[4]。计谋者，存亡之枢机[5]。虑不会，则听不审矣[6]。候之不得，计谋失矣。则意无所信，虚而无实。

[注释]

1 信心术：信守心气的运行规律，使之澄清明朗。信：信守。

2 真一：道体，原则。化：变化。

3 意虑之交会：意念、思虑相互交感，肝脾二脏互动。虑：思索，藏在肝脏里。意：运化、联想，由此及彼，藏在脾脏里。

4 听：听从。候：等候。陶宏景注："言心术诚明而不亏，真一守同而不化，然后待人接物，彼必输诚尽意。智者虑能，明者献策，二下同心，故能交会也。用天下之耳听，故物候可知矣。"

5 枢机：关键。陶宏景注："计得则存，计失则亡。故曰计谋者，存亡之枢机。"

6 审：周详。陶宏景注："虑不合物，则听者不为己听，故听不审矣，候岂得哉？乖候而谋，非失而何，计既失矣，意何所信，惟有虚伪，无复诚实也。故计谋之虑，务在实意。实意必从心始，故曰必在心术始也。"

[译文]

因此，要信守心气的运行规律，使之澄清明朗，守住真气而不使之外泄，坚守专一之道而不改变，安神静心，待人精神高度集中，"意"与"虑"之间产生了相互交感互动的

“实意”状态。做到了这一步就可以认真去听，获取实情，静待时机，而从容应对。

计谋策略是关系国家生死存亡的关键。

如果意念与思虑不能协作互动，相互交感，听到的情况就不周详，期待的时机就抓不住，计谋就会发生失误，那么意志就会无所依赖，意念也就变得空虚而不实在了。（所以在计谋的开始，务必要做到实意。）

无为而求。安静五脏[1]，和通六腑[2]，精神[3]、魂魄固守不动[4]，乃能内视、反听[5]、定志。思之太虚[6]，待神往来。

［注释］

1 五脏：心、肝、脾、肺、肾。

2 六腑：胃、大肠、胆、小肠、膀胱、三焦。

3 精神：精藏在肾里，肾的神明为志；神藏在心里，心的神明为神。

4 魂魄：魂藏在肝里，主谋虑；魄藏在肺里，即魄力。

5 内视、反听：一种含义是，不用眼睛和耳朵来感觉外界的东西，而是精神内敛，用心来感知事物；另一种含义是，既在内心审察自己，又在外面听取别人的意见。

6 思之太虚：头脑达到“致虚极、守静笃”般毫无杂念的虚空境界。陶宏景注："言欲求安心之道，必寂澹无为。如此则五脏安静，六腑通畅，精神魂魄各司其守，澹然不动。则可以内视无形，反听无声，志虑定，太虚至，神明千万往来归于已也。"

[译文]

实意也必须从静心之术开始。静心之术就是本着无为之道，安静五脏，让六腑之内的和气运行通畅，精神魂魄固守不动，就可以精神内敛来用心去视，用心去听，感知洞察外在一切事物。这样就可以凝神定志，使头脑达到毫无杂念的空灵境界，等待神明往来。

以观天地开辟，知万物所造化[1]，见阴阳之终始[2]，原人事之政理[3]。不出户而知天下，不窥牖而见天道[4]。不见而命[5]，不行而至，是谓道知[6]。以通神明，应于无方[7]，而神宿矣。

[注释]

1 万物所造化：造化万物的原理与规律。

2 见：看到。

3 原：推究。政理：治世之理。

4 牖：窗户。

5 命：判断，辨明事物。

6 道知：大道智慧。《老子》曰："不出户，知天下。不窥牖，见天道。其出弥远，其知弥少。"陶宏景注："唯神寂然不动，感而遂通天下之故，能知于不知，见于不见。岂待出户牖窥之然后知觅哉！固以不见而命、不行而至也。"

7 无方：没有极限。陶宏景注："道，无思也，无为也。然则，道知者岂用知而知哉！以其无知，故能通神明，应于无方，而神来舍矣。宿，犹舍也。"

[译文]

达到这种境界，就可以观察天地的开辟，了解造化万物的规律。发现阴阳变化的消长，探讨治国平天下的道理。足不出户而知天下，头不用探出窗外就可以了解自然界的变化规律；没有见到事物便可做出判断，不需身临其境而心就能到。这叫作"道知"。就可以通达神明，应对万事万物，使神明长驻心中。

[评析]

"实意"就是丰富自己的内涵，使自己的思虑精纯的内炼之道，只有内心丰富的人，才能动静协调、收放自如。领导者思虑要精纯，就是要不断地搜集信息和资料充实自己，给自己提供更多决策依据，让自己的谋略水平得到提高。

在一个组织里，不要只强调组员成长，领导更需要成长。因为领导是定方向、定战略的。怎么定方向、定战略？掌握更多的信息，然后再去作决断。

意即意念、意向。人的意念要充实、内心要丰盛，要像螣蛇一样，静则蛰伏不动，隐形不现，而一旦动作，则果断迅猛。人也一样，意念坚实，意蕴丰富，就能动静自如，所立不败，才能够让我们达到好的结果。好的结果出来了，志就不乱了。志不乱了，计谋也就跟着来了。

那么，怎么样才能达到思虑精纯呢？向腾蛇学习。腾蛇有三个特点：第一，考虑周密。腾蛇会藏在一个隐秘的、不会被侵害的地方，极具耐心，且十分机警。第二，快速出击。一旦有猎物进入视线，即用极快的速度准确地出击。第三，非常准。稳、忍、准、狠是蛇的特质。稳，稳健、安稳、安静。忍，隐忍、等待时机。准，抓住时机，确定准确的策略。狠，一击即中，使猎物猝不及防。

怎么样才能达到腾蛇一样稳准狠？怎样把警觉变成自己的本能？

首先，靠的是训练。按照标准的动作一再重复，重复到潜意识，重复到本能的一种反应。就像学开车的人，刚开始手忙脚乱，不知道该怎么开，经过严格训练，融会贯通。到后来坐上车后，根本不需要想怎么开车，想着到哪里去就行了。人车合一的时候，实际上开车就变成自己的本能了。所以说人的警觉直觉也是可以训练的。比如，一个警察经常抓小偷，他往那一站，大致看一眼就知道谁是小偷，而我们就浑然不觉。因为警察经过了专业训练。怎样去训练？一是见微知著，不断地学习总结。二是大量演练，积累自己的实践经验。三是内视反听。内视就是回过来看自己，反听是听自己的心声。内视反听是潜意识在作决定。训练自己的警觉，训练自己的直观。怎样才能达到内视反听？那就需要“安静五脏、和通六腑、精神魂魄固守不动”。

其次，心静下来。鬼谷子说：“心欲安静，虑欲深远。心安静则神明荣，虑深远则计谋成。神明荣则志不可乱，计谋成则功不可间。意虑定则心遂安，心遂安则所行不错，神自得矣。”就是说，我们要搜集更多的信息充实自己，让自己的思路更清晰。心安静下来了，才能够思考得长远。心安静下来，精神饱满，深谋远虑，行为符合事理，达到以心知物、通灵天下的境界。

再次，“无为而求”。要寂澹无为，淡泊宁志，不是先入为主而是虚己待物，五脏安静，六腑和通，精神魂魄固守不动，处于自然状态。这样才能神明归于胸中，志虚始于太虚，思维得到深化。达到神心自得，注意力高度集中，才会有较强的思考力，想得深，想得远。无欲而求，倒空自己，不要让一切烦恼缠绕自己的内心。自己的内心才能够静下来，静能生慧，思路也就出来了。

最后，还要意虑交会。“虑不会，则听不审矣；候之不得，计谋失矣。”如果意念与思虑不能协作互动，相互交感，听到的情况便不周详；期待的时机就抓不住，计谋就会失误。无时无刻不在意虑交汇，思虑深远，不断判断情报（听之），静心等待敌人暴露失误（候之）。这需要观、知、见、原，即观察，认识、发现，推究，观察天地开合之道，认识万物造化之理，发现阴阳变化的规律，推究社会政治经济的复杂关系，从直接经验中去寻求对规律性的把握。如果不尊重客体，不重视直接经验，就会意虑无信，虚而不实。

鬼谷子提出一个超越从九窍十二舍而来的真知灼见以上的“知”，名为“道知”。什么是“道知”？“以观天地开阖，知万物所造化，见阴阳之终始，原人事之政理。不出户而知天下，不窥牖而见天道。不见而命，不行而至，是谓道知。”道知的来由是无为而求。就是倒空自己，不让一切忧思挂虑缠绕。然后，安静五脏六腑，让五脏六腑有机会互相扶持、制约，五气魂魄安定固守。到了这个层次，就能内视无形，反听无声。

这样就可以精神内敛、洞察一切，可以志向坚定，使头脑达到毫无杂念的空灵境界，等待神妙的灵感的闪现，无限的创造灵光会接踵而至！

第四术　分威法伏熊[1]

分威者，神之覆也[2]。故静固志意[3]，神归其舍[4]，则威覆盛矣。威覆盛，则内实坚[5]；内实坚，则莫当[6]；莫当，则能以分人之威而动，其势如其天[7]。

［注释］

1 分威：一是发挥自己的威势，二是分散对方的威势。法：效法。伏熊：要想发挥威势和影响力，应该像准备出击的熊，俟隙而动，待机而入。分威之道，首先“养志伏意”，然后“视间”而动。陶宏景注：“精虚动物，谓之威；发近震远，谓之分。熊之搏击，必先伏而后动，故分威法伏熊。”

2 覆：覆盖，笼罩。发挥威势要有充足的精神。陶宏景注：“覆，犹衣被也。神明衣被，然后其职可分也。”

3 静固志意：使自己思虑镇静、志向坚固。

4 神归其舍：使神气凝聚在心中。舍：房屋，指居所。陶宏景注："言致神之道，必须静意固志，自归其舍，则神之威覆隆盛矣。舍者，志意之宅也。"

5 内：内心，指意志。实坚：充实而坚定。

6 莫当：势不可当。

7 如其天：如同天威。陶宏景注："外威既盛，则内志坚实，表里相副，谁敢当之。物不能当之，则我之威分矣。威分势动，则物皆肃然，畏敬其人之若天也。"

[译文]

发挥自己的威势，必先积蓄威势，要效法准备出击的熊，先伏后击。若要发挥威势，必先有旺盛的精神笼罩，即要涵养、充沛精神。

因此，一个人如果能做到志向坚定，思想安静，就能神气归于心中，威力盛大。

威力盛大，就能使自己的内心充实坚定；内心充实坚定，威力发出就没有谁能阻挡；没有谁能阻挡，就能以发出的威力震动别人，其势如同天威。

以实取虚[1]，以有取无，若以镒称铢[2]。故动者必随，唱者必和[3]；挠其一指[4]，观其余次[5]，动变见

形[6]，无能间者[7]。审于唱和，以间见间[8]，动变明，而威可分。

[注释]

1 实：坚实。虚：空虚。

2 以镒称铢：用重的砝码称量轻物，比喻以重驭轻，轻而易举。镒、铢：古时重量单位。一镒等于二十四两，一两等于二十四铢。镒是铢的五百七十六倍。称：衡量轻重。陶宏景注："言威势既盛，人物肃然，是我实有而彼虚无，故能以我实取彼虚，以我有取彼无。取之也，动必相应。犹称铢以成镒，二十四铢为两，二十四两为镒也。"

3 唱：同"倡"，倡导。和：应和，附和。

4 挠：弯曲。

5 余次：剩下的，其他的。

6 动变见形：所有的动作变化都能表现出来。

7 无能间者：没有任何遗漏和间隙。陶宏景注："言威分势震，靡物犹风，故动必有随，唱必有和。但挠其指以名呼之，则群物毕至。然徐徐以次观其余，众循性安之，各令得所。于是风以动之，变以化之。犹泥之在钧，群器之形自见。如此，则天下乐推而不厌，谁能间之也？"

8 间：间隙，矛盾，或可利用的机会。陶宏景注："言审识唱和之理，故能有间必知。我既知间，亦既见间，即莫能间，故能明于动变，而威可分者。”

[译文]

那么，我们要想发挥威力、影响别人，就要用己方之实攻取对方之虚，以己方之优势去攻对方之劣势。这就好像“镒”和“铢”比较一样，结果立判。

因此，威力所及，只要我们有所行动，就一定有人跟随；有所倡导，就一定有人附和。就像弯动一个指头，就可看到其他指头动向一样，对方的所有的动作变化都会显现在我们面前，没有任何遗漏。

仔细研究观察言行的唱和应对情况，通过捕捉对方的蛛丝马迹去寻找对方的缺陷和矛盾，或可利用的机会，待对方的举动和应变的方法明晰之后，就可以发挥自己的威势了。

将欲动变，必先养志[1]、伏意[2]，以视间[3]。知其固实者[4]，自养也；让己者[5]，养人也。故神存兵亡[6]，乃为之形势。

[注释]

1 养志：培养心志。

2 伏意：隐藏自己的意图。

3 视间：观察、等待可利用的机会。道藏本《鬼谷子》

注："既能养志、伏意，视之其间，则变动之术可成矣。"

4 固实：使信念坚定，意志充实。

5 让己：谦让自己。

6 兵亡：不需要动用兵器，即外在的力量。道藏本《鬼谷子》注："谓自知志意固实者，此可以自养也；能行礼让于己者，乃可以养人也。如此，则神存于内，兵亡于外，乃可为之形势也。"

[译文]

但是，自己要想有所举动或采取应变举措，一定先要培养心志、隐藏意图，从而观察对方的间隙，等待时机。

能够坚固自己的信念、充实自己意志的人，这是在修养自己；能够做到谦退礼让的人，这是在成就别人。能如此，对内，神存心中，精神旺盛；对外，不战而屈人之兵。这就是发挥威势或影响力所营造的最好的形势。

[评析]

熊的体重和所能发出的威力非常惊人，但它在发动攻击之前，却分外小心地隐藏和潜伏着。一旦发威，就力克千军。这就告诉我们，时机未到的时候一定不要张扬。"谋之于阴，故曰神；成之以阳，故曰明。"私下谋划，别人都没有察觉到，这叫神；大家只看到了他的成功，不知道他背后的努力，就会认为这个人是天生的懂谋略，所以认为他高明。“分威者，神之覆也。”就是把自己的神采覆盖起来。

“分威”就是把自己的实力、神威隐藏起来，以实来取虚，以有来取无。“实”就是军队的勇、强、治、众、有备等优点；“虚”就是怯、弱、乱、寡、无备等弱点，要善于利用对方的弱点来战胜对方。因此，君子立身行事要识时务。识时务者为俊杰。怎样识时务？就是要“分威法伏熊”。对我们来说，如果这是一个机会，就要抓住，高调做事建功立业。时机不成熟的时候，一定要学会不要张扬。

当年，秦始皇出巡，刘邦夹在人群中，看到了皇帝，就感叹说：大丈夫当如是也！一个领导者的形象，让人看到就能发出赞叹。如果他没有神采飞扬的架势，是办不到的！在本节里，鬼谷子突然翻了个一百八十度的急转弯，要求领导者，除了必要时亮一亮相外，绝大部分时间都必须隐藏。

在青梅煮酒论英雄时，曹操描绘了另一种龙的姿态。他说：“龙能大能小，能升能隐。大则兴云吐雾；小则隐介藏形。升则飞腾于宇宙之间；隐则潜伏于波涛之内。”这是说，龙不仅可在雷电云雾中飞腾，见首不见尾；也能隐介藏形，潜伏于波涛之内，根本就让人看不见、摸不着。

陶宏景认为，分威就是“精虚动物”“发近震远”，讲的是张扬声势，扩散影响力，熊往往先伏后击，人之“分威”也要善于伏蛰、蓄势，而后才能做到爆发迅猛，所以分威要效法伏熊。

分威分为两方面：发挥自己的威势影响力，同时要分散对方的威势影响力。

发挥自己的威势影响力应该注意两点：

一要蓄势。“内实坚，则莫当”，即“静固意志，神归其舍”，要盛威于内。威要能外分，先要内盛。这就要在意、志、神上下功夫。意念安静不躁动，心志要坚固不浮虚，精神要守舍集中不散乱。意、志、神相互涵容，才能威壮盛于内，才会既能“动物”，又能“震远”，产生较强的影响力、辐射力。可撼动山岳，可震人心，无法阻遏，具有万夫莫当之气概，对客观事物和情势起强势影响作用！

在讲到圣人的精神风貌的时候，鬼谷子教人盛神法五龙。五龙本是五行，为什么鬼谷子特别用一个“龙”字呢？所谓神龙见首不见尾，龙出现的时候，总是在四面八方雷击电闪、半云半雾之中。曹操给英雄下了个定义，说：“夫英雄者，胸怀大志，腹有良谋，有包藏宇宙之机，吞吐天下之志者也。”鬼谷子要领导绝不能轻易亮相；要亮相，也要选择（安排）好亮相的妥善环境——雷电、云雾，一样都不能少。

二要善于发挥优势，扬长避短，以实击虚。要知己知彼，分析彼此优劣，“以实取虚，以有取无，若以镒称铢”，可轻易取胜。

康熙的十几个孩子争皇位，老大后来疯了，老二被康熙软禁起来，其他皇子康熙都没有看上，却单单看上胤禛。胤禛为什么能够取得皇位？胤禛在做王爷的时候，有一个谋士叫邬思道，说：“不争是最大的争。”别人都在为皇位争得头破血流时，他只是认真做事，用实际行动证明自己。康熙被十几个皇子弄得身心俱疲，结果看到胤禛埋头做事，看到了他的能力。后来，皇位就落在胤禛的身上，他成为雍正帝。吴三桂被封为藩王以后，儿子吴应熊被押在北京做人质。吴应熊去北京的时候，吴三桂跟他说：做人质非常危险。一旦我这边有点动静，你可能性命都不保。要记住两句话，可保你在北京城安然无恙。第一句话是“得意别得心”。当你事业很顺的时候不要内心里暗自得意，得意容易忘形！忘形的时候离祸患就不远了。第二句话更重要，“失意别失口”。很多人一旦得势就张牙舞爪，唯恐天下不知道自己的能耐。一旦失意，很多人忍不住发牢骚。得意的时候别得心，失意的时候别失口，不要发牢骚，要记得让自己嘴巴严一点，不该说的千万不要说。

分威的意义分两个层次：第一，是把自己的威势在时机未到时隐藏起来，不要让大家看到。刘备在没有诸葛亮辅佐之前，颠沛流离、居无定所，投靠公孙瓒，投靠袁术，投靠袁绍，后来还与吕布合作，到曹操那里煮酒论英雄。曹操问，天下谁是豪杰，谁是英雄。刘备说，袁绍有五十万大军，可为英雄。曹操说，袁绍多谋寡断不能成大器。后来刘备说，刘表是英雄。曹操又说，刘表居于一隅，安于现状不能成大器。刘备就问曹操，谁是英雄。曹操哈哈一笑："天下英雄唯我与使君耳。"当时，刘备以为他的心思被曹操看透了，"啪"地一下把筷子掉在地上，此时刚好突然打雷，于是刘备借势说："这个雷这么响！把我的筷子都吓掉了。"在曹操面前装出一副懦夫的样子。因此，时运不济之时，一定要安心不张扬，不要还没长大就被人践踏了。你要慢慢成长变成参天大树，别人注意到你时已经没有办法撼动你了。

第二，把对方的威势打散削弱，分别摧毁掉。分散对方的威势影响力，即分对方之威。首先，要善于"伏意""视间"。要用最小的代价，寻求最大的效果。必须潜居抱道、精心准备、以待其时。能否发威以"动物""震远"，决定于时机的选择、间隙的作用。时机不成熟时，要观察、等待，自我修身要通过"挠其一指"，观察由此而产生的其他一切变化。要善于蛰伏自己的意念，也要善于谦让容人，还要善于观察和等待时机，做到有间必知，见间能间。时机未到的时候，过早露面只能让自己引火烧身，真正明智的人是知大局、善揣摩、顺应形势、识时务的人，你一定要知道什么时候该做。什么时候不该做，如果时机尚未成熟，就要学"分威法伏熊"，把自己隐藏起来，不要让别人知道，但一旦发作，"散势法鸷鸟"，像鹰一样从天而降，让人防不胜防！其次，加强自身修为，扩大自身影响力。"知其固实者，自养也；让己者，养人也。”老话说：“十年寒窗无人问，一朝成名天下知。”要想一朝成名，必须十年寒窗，积蓄实力，抓住时机，待机而动。能如此，对内，神存心中，精神旺盛；对外，不战而屈人之兵，这就是发挥威势或影响力所营造的最好的形势。

因此，成事者贵在能屈能伸，不因一时之成败而自满或消沉，能一飞冲天的人必定在不飞则已的时候用心观察，能一鸣惊人的人必定在不鸣则已的时候不断地养精蓄锐。我们在面对不利环境的时候必须要发挥自己的主观能动性，给自己积蓄实力和发展的机会，当机会来的时候要抓住机会高调做事，化险为夷、转危为安！这就是捭阖之道，也是忤合之道。

第五术　散势法鸷鸟[1]

散势者，神之使也[2]。用之，必循间而动[3]。威肃[4]，内盛，推间而行之[5]，则势散。

[注释]

1 散势：利用强大的势能，果断迅猛出击。势：气势，形势，势能。鸷鸟：凶猛而善于搏击的鸟类，如鹰、隼之类。陶宏景注："势散而后物服，犹鸟击禽获，故散势法鸷鸟也。"

2 神之使：由精神主宰、驱使。陶宏景注："势由神发，故势者神之使。"

3 间：间隙，矛盾，可乘之机。陶宏景注："无间则势不行，故用之必循间而动。"

4 肃：内敛，集中，不松懈。

5 推间：推算、推动间隙的发生。陶宏景注："言威势内盛行之，又因间而发，则其势自然而散矣。"

[译文]

散发自己的威势，要效法寻机而动、迅猛出击的鸷鸟。向外散发威势，是由内在的精神力量驱动的。

要散发威势，一定要抓住可乘之机采取行动。如果自己的威势充盈、内气强盛，并能利用对方的间隙而采取行动，那么威势就可以发散出去。

夫散势者，心虚志溢[1]。意衰威失[2]，精神不专，其言外而多变。故观其志意为度数，乃以揣说图事[3]，尽圆方[4]，齐短长[5]。无间则不散势[6]。散势者，待间而动，动而势分矣[7]。

[注释]

1 心虚：内心虚静，才能客观思虑。志溢：意志充盈、饱满。溢：饱满，充沛。陶宏景注："心虚则物无不包，志溢则事无不决，所以能散其势。"

2 意衰威失：意志衰微，威势丧失。陶宏景注："志意衰微而失势，精神挫衄而不专，则言疏外而谲变也。"

3 揣说：揣摩和游说。图事：图谋事情。

4 圆方：指圆转灵活的方法和方正直率的原则。

5 短长：指纵横游说的策略。陶宏景注："知其志意隆替，然后可为之度数。度数既立，乃后揣说之图其事也。必尽圆方之理，变短长之用也。"

6 无间则不散势：如果没有可利用的机会，就不随便散势。

7 动而势分：一旦行动，就能把威势分散出去。陶宏景注："散不得间，则势不行。故散势者待间而动。动而得间，势自分矣。"

[译文]

向外散发威势的人，自己的内心一定要虚静，从而客观思虑；意志要充盈，从而能够冷静决断。

如果意志衰微，便会丧失威势，加上精神不能专一，那么说起话来便会不切合情理，词不达意，变化无常。

因此，要观察对方的真实的思想意志为行事标准，一旦得到对方真实的志意，就可以据此而进行揣摩游说，进而谋划各种事情，根据圆转灵活的处世艺术和方正直率的处世原则，施展纵横游说的策略方法。

如果对方没有间隙或漏洞可用，那么己方就不散势。散发威势的人，一定会等到对方有可乘之机的时候才行动，不动则已，一旦行动，必使对方的威势分散瓦解。

故善思间者[1]，必内精五气[2]，外视虚实，动而不失分散之实[3]。动，则随其志意[4]，知其计谋。势者，利害之决，权变之威。势败者，不可神肃察也[5]。

[注释]

1 善思间者：对间隙和有利机会能准确分析和把握的人。

2 五气：五脏的精气。

3 实：实效。陶宏景注："五气内精，然后可以外察；虚实之理不失，则间必可知。有间必知，故能不失分散之实也。"

4 随：跟随。陶宏景注："计谋者，志意之所成。故随其志意，必知其计谋也。"

5 肃察：认真考察。陶宏景注："神不肃察，所以势败。"

[译文]

因此，对间隙和有利机会能准确分析和把握的人，一定要精炼五气，对外能观察虚实，能把握时机。他一旦采取行动，就不会失去散发威势的实效。

采取行动，必须要紧紧跟随对方的志意所在，来了解对方的计谋。

总之，形势是决定利或害的关键，也是权变的威力所在。威势衰败，往往是因为不能够集中精神去严谨地审察事物的缘故。

[评析]

领导者要善用权威，发挥影响力，出手要果断有力，谓之“散势”。

鬼谷子告诉我们，散势要效法鸷鸟。散势，就是散发威势，即利用权威和有利形势采取行动，就像鹰一样，能抓住时机，一举捕得猎物。

势是气势、情势形成的爆发性冲击力。散势即是利用巨大的势能发散冲击力，就像凶猛的鸷鸟，一旦捕捉到目标，或遇到强敌，或利害攸关时，或遇到突变时，就迅猛厉捷，运用爆发性的冲击力使之慑服，立即见效，一举取胜。

怎样才能够抓住时机，高调做事？鬼谷子告诉我们要效法鸷鸟。该出手时就出手，以迅雷不及掩耳之势重拳出击。散势是发动自己神采权威，把威权使用在特定人的身上。这个权威不发动则已，一经发动就有雷霆万钧的能量。突如其来，像神猛的鹰一样。

为什么要学习鹰？鹰有三个特点：

一、超越。飞得高，无天敌，有足够的优势。为什么它不会受到伤害，因为别的鸟飞得没有它那么高。境界不一样。一个老者把一个自认为英雄无用武之地的年轻人带到了河边，把一粒沙子“啪”地一下扔到沙滩上，说你把我刚才扔的那粒沙子捡起来。年轻人说：“老师，这怎么可能呢？”长者把手里的一粒金瓜子让他看了一下，扔到地下，说你把这个捡起来。他说，这太容易了。老者就告诉他，永远不要去叹息英雄无用武之地，那是因为你自己不足够优秀。如果你出乎其类、拔乎其萃，你的能力远远高于别人，自然会有人看到你。如果你是卧龙，自然会有人三顾茅庐请你。

二、明察。一双鹰眼既能高瞻远瞩，又能明察秋毫。

三、贯彻力。因为它足够凶猛，刀子嘴，金刚爪，凌厉无比。为什么鹰没有天敌呢？因为没有比它更凶猛的飞鸟。

鸷鸟之击，必飞于高空，然后俯冲而下，其势险，其节短，有高度才能有势能。因此，行动时首先要有高度，像鸷鸟一样，非遇一击而擒的机会而不出手，行必果，功必成。故曰“散势法鸷鸟”。

如何散势？

一、要循间而散。“间”是什么？间是空隙，是矛盾。因顺空隙、矛盾和机会来行使权威。要做到有间必知，知间必准。古人云：“善战者，见利不失，遇时不疑。”讲的就是要善于捕捉战机，看准对方在移动中出现的漏洞，抓住对方最薄弱的地方，乘虚而入，最终取得胜利。军事上的围点打援战术即是如此。当然，小利是否必得，需要从全局出发，只要不会造成“因小失大”的后果，即使小胜的机会也不应该放过。

二、要思间。矛盾一旦出现，时机一旦成熟，还要仔细甄别，因为间隙有不同，时机有区别。要善于依照问题本身的情况去行事，尽圆方之理，齐短长之用，要“随其志意”。思间是分析、认识什么才是真实的空隙、矛盾和机会。对人对事要仔细观察动静虚实，力求正确认识，正确判断，看准间隙，抓住有利时机，避免盲目性。

三、要待间。“无间则不散势”。要等待合适的空隙、矛盾和机会来行使权威。当客体中矛盾没有激化，弱点没有外显，有利时机尚未出现时，不可贸然发言行事，“无间则不散势”，要冷静观察，以待变化。要达到散发威势的目的，就要善于利用对方的间隙采取行动，只有这样，威势才能发散出去。当时机成熟，要学会当仁不让。

四、要当机立断，随机权变。机不可失，时不再来。时机一成熟，当机立决，果断运势，迅猛出击！决不能心虚手软，坐失良机。情况有所变化时，要权宜机变，临机善处。

公元 383 年，氐族前秦统一了黄河流域地区，势力极为强大。前秦王苻坚坐镇项城，调集九十万大军，打算一举歼灭东晋。他派其弟苻融为先锋攻下寿阳，初战告捷。苻融判断东晋兵力不多并且严重缺粮，建议苻坚迅速进攻东晋。苻坚闻讯，不等大军齐集，立即率几千骑兵赶到寿阳。

东晋将领谢石得知前秦百万大军尚未齐集，于是抓住时机，击败敌方前锋，挫敌锐气。谢石先派勇将刘牢之率精兵五万，强渡洛涧，杀了前秦守将梁成。然后乘胜追击，重创前秦军。

谢石率主力渡过洛涧，顺淮河而上，抵达淝水一线，驻扎在八公山边，与驻扎在寿阳的前秦军隔岸对峙。苻坚见东晋阵势严整，立即命令坚守河岸，等待后续部队。谢石看到敌众我寡，只能速战速决。于是，他决定用激将法激怒骄狂的苻坚。他派人送去一封信，说道，我要与你决一雌雄，如果你不敢决战，还是趁早投降为好；如果你有胆量与我决战，你就暂退一箭之地放我渡河，与你比个输赢。苻坚大怒，决定暂退一箭之地，等东晋部队渡到河中间，再回兵出击，将晋兵全歼水中。但他没想到前秦军由各族人混杂而成，与他并不一心，士气不高，撤军令下，被迫降秦的东晋将领朱序趁机大喊：“秦军败退了！”前秦军顿时大乱，争先恐后，人马冲撞，乱成一团，怨声四起。这时指挥已经失灵，几次下令停止退却，但如潮水般撤退的人马已成溃败之势。谢石乘势指挥东晋兵马，迅速渡河，乘敌人大乱，奋力追杀。前秦先锋苻融在乱军中被杀，苻坚也中箭受伤，慌忙逃回洛阳。前秦大败。淝水之战，东晋军抓住战机，乘虚而入，是古代战争史上以弱胜强的著名战例。

大部队在移动过程中，肯定会有漏洞的出现。比如，军队急于前进，各部移动速度不一，这就给统一调动军队造成了一定的困难，从而导致协调失灵，战线越拉越长，可乘之机也就越来越多。此时就要善于看准敌人的间隙，抓住有利的时机，给予对方致命的一击。

因此，在职场生活中，我们要善于观察对方的思想意志和行事方式，通过运用揣摩之术来对他进行游说，并采取不同的政治策略来谋划各种各样的事情，有时圆转灵活，有时方正直率。假如缺少间隙或意志等主、客观条件，就不能将威势顺利地散发出去，因此，散发威势必须等待间隙。那些善于发现间隙或时机的人，会紧紧地抓住对方的思想意志，及时了解对方的计谋，而不会轻易地失去散发威势的时效。

五、要推间。推就是推引、推导的意思。推间，是寻找、制造空隙、矛盾和机会来行使权威。当主观条件已经具备，而客观条件尚不成熟时，要善于想办法，去推引出一些可以利用的条件，创造出一些有力的机会。

领导者能否“善于思间”“动而不失”，是一番知己知彼的重大功夫。如何才能认得清、识得透，作为领导者，必须身体绝对健康，内部五脏运作平衡，情绪掌控得当，同时掌握外部情报确实，真假虚实，分毫不差。

第一，领导者自己要心虚志溢。鬼谷子说：“夫散势者，心虚志溢。”心虚是完全客观，不主观，不自以为是，不先入为主。志溢是志向远大坚定。如果志向不远大坚定，则视角偏狭，犹豫不决，整个方向都可能迷失。在散发威势的过程中，要思绪稳定，考虑周到；要意志充沛，顺利决断。假如意志衰弱，就会导致威势的丧失；假如精神上不能够做到专一，那么在说话的时候就会出现断断续续甚至前后矛盾的情况。因此，要运势，散势，先要善于蓄势，做到“心虚志溢”。做到“威肃内盛”，内盛就是精力充盈，心志饱满，底气十足，做事一气到底，贯彻始终，绝不虎头蛇尾。不能因任何情势发生，感情用事而半途软化，妥协，违背原先宗旨。如果志意衰微，精神不专，就谈不上“势”，就不会有爆发力。

第二，领导者对人要明察动静。鬼谷子说：“意失威失，精神不专，其言外而多变。故观其志意为度数，乃以揣说图事，尽方圆，齐长短。”“动，则随其志意，知其计谋。”就是说，注意观察对方的意志、思想、精神状态，尽量收集对方的前后言论变化情况，来作为自己全方位思考的依据。因为对方的意志言论，可能会透露他的计算谋划。只要能确实掌握他们的计算谋划，就能一举而歼灭它。

鬼谷子说：“败者，不以神肃察也。”就是说，那些失败的人，都是因为没有做好全面、明确和严谨的观察。

第六术　转圆法猛兽[1]

转圆者，无穷之计也[2]。无穷者，必有圣人之心，以原不测之智[3]；以不测之智而通心术[4]，而神道混沌为一[5]。以变论万类，说义无穷[6]。

[注释]

1 转圆：待人处世要运用智慧，像圆珠永远运转自如一样，随物而化，旋转无穷。猛兽：以兽威无尽喻圣智不穷，转圆不止。陶宏景注："言圣智之不穷，若转圆之无止。犹兽威无尽，故转圆法猛兽。"

2 无穷：没有穷尽。

3 原：推究本源。不测：无法测量。

4 心术：心机，心的思维原理。陶宏景注："圣人若镜，物感斯应。故不测之智，心术之要可知也。”

5 神道：神奇奥妙的自然之道。混沌为一：浑然成为一体。《易·乾凿度》曰：“太易者，未见气也。太和者，气之始也。太始者，形之似也。太素者，质之始也。气似质具，而未相离，谓之混沌。”

6 以变论万类，说义无穷：既有圣人的心、智、术，就可以针对万事万物的复杂变化，做出不同的分析论述，说出无穷无尽的道理。陶宏景注：“既以圣心原不测、通心术，故虽神道混沌，妙物杳冥，而能论其万物之变，说无穷之义也。”

[译文]

我们待人处世要像转动的圆珠那样圆转灵活、无穷无尽，像猛兽那样。

所谓转圆，就是指计谋像圆珠那样圆转灵活没有穷尽。要能使计谋无穷，必须要有圣人的心胸，从而探究高深莫测的智慧，以这种高深莫测的智慧来通达思维谋略的原理。

然后，把自己的思维谋略与神妙的自然之道，混合为一。当你的思想合于大道，去用事物变化之理来论述万事万物，就可以把无穷事物的精微大义阐述清晰明白。

智略计谋，各有形容[1]，或圆或方[2]，或阴或阳[3]，

或吉或凶，事类不同[4]。故圣人怀此之用[5]，转圆而求其合[6]。故与造化者为始[7]，动作无不包大道[8]，以观神明之域[9]。

［注释］

1 形容：形态，特点。

2 圆：圆转灵活。方：方正具体。

3 阴：隐蔽不显。阳：公开透明。

4 事类不同：因为事物类别的不同而采取不同的策略。陶宏景注："事至然后谋兴，谋兴然后事济。事无常准，故形容不同。圆者运转无穷，方者止而有分。阴则潜谋未兆，阳则功用斯彰。吉则福至，凶则祸来。凡此事皆反覆，故曰事类不同也。"

5 怀此之用：牢记这种道理而运用不同的智略。

6 求其合：寻求计谋与面临的事情的情形相吻合。陶宏景注："此谓所谋圆方以下六事，既有不同，或多乖谬，故圣人法转圆之思，以求顺通合也。"

7 造化者：创造万物者。

8 动作无不包大道：一举一动无不合乎自然规律。

9 神明之域：神奇奥妙的境界、领域。陶宏景注："圣人体道以为用，其动也神，其随也天，故兴造教化其功。动作先合大道之理，以稽神明之域。神道不违，然后发施号令。"

［译文］

智慧策略，各有各的特征：有的灵活圆转，有的方正具体，有的暗中实施，有的公开透明，有的可带来吉祥，有的会产生凶险，因此运用智慧制定策略，必须根据事物情形的不同而采取不同的谋略。

因此，圣人牢记（要随着客观情况的变化而变化）这种道理而运用不同的智略，在处理事情时就像不停转动的圆一样，不断找出合适的智略，求得顺合事理，解决问题。

圣人与创造万事万物的大道自然合而为一，他的所作所为无不合于自然规律，并且能看到别人无法看到的神明的境地。

天地无极[1]，人事无穷，各以成其类[2]，见其计谋，必知其吉凶、成败之所终[3]。转圆者，或转而吉，或转而凶，圣人以道先知存亡，乃知转圆而从方[4]。

［注释］

1 极：尽头。

2 各以成其类：各自按照自然属性而形成不同的类别。

3 终：结局。陶宏景注："天地则独长且久，故无极；人事则吉凶相生，故无穷。天地以日月不过、陵谷不迁为成；人事以长保元亨、考终厥命为成。故见计谋之得失，则吉凶成败之所终可知也。”

4 转圆而从方：从灵活的无穷的计谋中找到最合情理的计谋来制定切实可行的措施。陶宏景注：“言吉凶无常准，故取类转圆。然圣人坐忘遗鉴，体同乎道，故能先知存亡之所在，乃后转圆而从其方，弃凶而从吉。方，谓存亡之所在也。”

［译文］

天地是无边无际的，人世是吉凶相生、变化无穷的，各自按照自然的属性而形成不同的类别。观察一个人的计谋特征，就可预测他的结局是吉、是凶、是成、是败。

计谋就像圆一样运转变化，有的转化为吉，有的转化为凶。圣明的智者通晓大道，能够预知事物的成败存亡，能够在无穷的计谋中找到最合情理的计谋来制定切实可行的措施。

圆者，所以合语[1]；方者，所以错事[2]。转化者，所以观计谋；接物者，所以观进退之意。皆见其会[3]，乃为要结[4]，以接其说也[5]。

［注释］

1 合语：语言合乎情理，说话投机。

2 错事：处理事务。“错”，通“措”，处理，处置。陶宏景注：“圆者，通变不穷，故能合彼此之语；方者，分位斯定，故可错有为之事；转化者，转祸为福，故可观计谋之得失；接物者，顺通人情，故可观进退之意、是非之事也。”

3 皆见其会：以上四个方面融会贯通。会：会聚，这里指融会贯通。

4 要结：连接，引申为关键。

5 接其说：迎合对方需要的游说。陶宏景注：“谓上四者。必见会之变，然后总其纲要而结之，则情伪之说可接引而尽也。”

[译文]

圆转灵活，是为了合乎情形，使彼此意见融洽；方正具体，是为了正确地制定措施，处理事务；运转变化，是为了观察计谋的得失；接触外物，是为了观察进退的想法是否合宜。

对以上圣人处世的四个方面要融会贯通，合理运用，这是成事的关键，必须凭此原则去进行他的游说。

[评析]

领导者要善于谋略。“转圆者，无穷之计也。”“无穷之计”，就是以一连串的妙招，连锁发动，层出不穷，令人目不暇接，难以招架。领导者要具有这种无穷的智慧，如铁环转圆不止，如猛兽威势不尽。

转圆，是指谋事和说服技巧中的一种灵活性，转圆法猛兽训练的是谋略的速度。要查事物的原委，以求使用相符的策略去解决问题，并把握事物间的共性与个性的区别关系，从中总结经验，归纳原则，然后按照内在规律办事，以提高决策的效率。

圆，是一个圆圈。圆圈没有棱角，圆通滑润。圆圈没有始点，也没有终极。老子这样形容大道：独立而不改，周行而不殆。迎之不见其首，随之不见其后。大道无始无终，一阴一阳，变化莫测，无穷无尽。鬼谷子说：“故与造化者为始，动作无不包大道，以观神明之域。”古希腊哲学家们把“圆”视作精神的标志，精神包括思想、意志、感情，诸凡不受时空局限的东西，都属精神、灵性。圆圈就是它们的几何图形代表，与之相对的是方形。正方形是人世间“正义”的标志，其道理不证自明。正方形有棱有角，与别人碰撞不可避免，因为真理、正义是绝对的，无所通融。因此，方的代表是实际又实际的世间法，而圆的代表可能是天马行空的非世间法。

圆所代表的是精神境界，人们的思想、意志和感情，不受时空所局限。人心像孙悟空的筋斗云，一筋斗就是十万八千里。人的思想、幻想，上穷碧落下黄泉，都可以在一刹那之间发生，而且无穷无尽。世间法是实实在在的，必须老老实实地因循，所以取经的路要一步一步地走。

一个人不免会碰到不利的环境，顽强的对手，复杂的情态、事态，而要巧做周旋，圆熟应付，就要心、智、术综合运用。有圣人的明澈心境、难以为人所预料的智慧、深睿的心计，使主观之神、客观之道混为一体，才能转圆无穷。

“无穷者，必有圣人之心。”要想有大智慧，首先得有圣人的胸怀，大智慧来自大胸怀。我们说，狭路相逢勇者胜，两勇相逢智者胜，两智相逢仁者胜。江山盛文藻，风流亦吾师。昔者，老子观道，孔子观水，张衡观天地，陆羽观茶茗，鬼谷子观兵势进退，司马迁观史海沉浮，徐霞客观山川纵横，曹雪芹观人情厚薄……世间万物，莫不可观，每观一物，莫不有所得。有大格局的人、有高境界的人、有仁爱之心的人，就有大智慧。因此，首先要有圣人之心，然后才能找到“不测之智”。

如何让谋略层出不穷呢？“智略计谋，各有形容。”计谋各自有外在的形态，或圆、或方、或阴、或阳、或吉、或凶。“事类不同”，根据不同的类别进行不同的决断。万事万物，经过归纳总结，就能找到规律。《反应篇》中谈道：“古之大化者，乃与无形俱生。反以观往，覆以验来；反以知古，覆以知今；反以知彼，覆以知己。”古代化育众生的圣人，是与大道共同生存的。他返过去观察既往的历史，翻过来察验将来；返过去考察古代，翻过来审视如今；返过去探究别人，翻过来认识自我。“动静虚实之理，不合来今，反古而求之，事有反而得覆者，圣人之意也，不可不察。”事物有动静虚实。如果跟今天的现实和将要发生的情况不合，就返回去研究古代的历史，从而寻求出正确答案。事情往往有反求于古代而得到成功启示的，这是圣人的方法，我们不可以不认真研究学习。

“圣人以道先知存亡。”因为圣人知道规律，所以知道事情什么时候开始，什么时候结束。“乃知转圆而从方。”才知道怎么样去制定相对应的计谋，打败对方。

转圆的目的是什么呢？

第一，以圆求合。合即顺通，融洽。所谓“转圆以求合”，“圆者所以合语”，都是要用转圆的灵活方法使主客双方思想沟通，语言融洽，关系和谐。这样就使施说、进谋、处事都能顺遂。由此才可“辩论万类”，“说义无穷”。

第二，以圆求方。方是一种原则，一种目标。以圆求方，即以灵活的办法求得原则的贯彻、目标的实现、事情的成功，这是以变求不变。所谓“转圆以从方”，圆是应变的需要，但并非只是苟且，也是为了求得进展与深化。所谓“转圆以从方”还有一层意思，圆是运智，方是行事。运智周圆，说话圆润，其目的是行事方正。

鬼谷子说："圣人以道先知存亡，乃知转圆而从方。"这是说圣哲之士通晓大道，凭此可以预知成败存亡，所以能从无穷计谋中选出最合情理、最合计谋的来制定可行的措施，"转圆而从方"。就是把人们从天马行空的思维里，拉回到现实里来，用世间法，去实施。

鬼谷子说："天地无极，人事无穷，各以成其类。见其计谋，必知其凶吉、成败之所终。"领导者不管天下万事万类如何变化，都要胸有成竹，自有主见。看到人家的行动，就能判断他们最后的结局是好、是坏，是成、是败，即善于因事权变，随物而转，随势而化，富于智慧，敏于细微，思维圆熟，说话圆润，处事圆通，以圆应物，以圆趋时，不会因阻而折，因困而穷，不会固执成见，拘泥成规。因为天地是无极限的，人世是无穷尽的，事无常准，说无定法，只能随物而转，以圆应变。

第七术　损兑法灵蓍[1]

损兑者，机危之决也[2]。事有适然[3]，物有成败，机危之动[4]，不可不察。故圣人以无为待有德[5]，言察辞，合于事。

［注释］

1 损兑：损益。对形势祸福吉凶的判断之后，决定进退增减的策略。灵蓍：占吉凶的蓍草。陶宏景注："《老子》曰：塞其兑。河上公曰：兑，目也。《庄子》曰：心有眼。然则，兑者谓以心眼察理也；损者谓减损他虑，专以心察也。兑能知得失，蓍能知休咎，故损兑法灵蓍也。"

2 机危：机会、危险。陶宏景注："几危之理，兆动之微，非心眼莫能察见。故曰损兑者几危之决也。"

3 适然：偶然，有时发生。

4 动：萌发，发展。陶宏景注："适然者，有时而然也。物之成败，有时而然；几危之动，自微至著。若非情识远心，知机玄览，则不能知于未兆，察于未形。使风涛潜骇，危机密发，然后河海之量，堙为穷流，一篑之积，叠成山岳。不谋其始，虽悔何追，故曰不可不察。"

5 有德：有德之士。陶宏景注："夫圣人者，勤于求贤，密于任使，故端拱无为，以待有德之士。士之至也，必敷奏以言，故曰言察辞也；又当明试以功，故曰合于事也。"

[译文]

要想知道损益得失，就要效法用来预测吉凶的灵蓍。损兑（进退损益）策略决定了是机会还是危险。

事物的发展会有偶然变化，万事万物都有或成或败的可能性。即便是极细微的变化，也不可不随时详察。

因此，圣人用顺应自然的无为之道来处理事情，虚其位以等待贤德之人。要考察对方的言辞，看是否与事功相吻合。

兑者[1]，知之也。损者[2]，行之也。损之说之[3]，物有不可者[4]，圣人不为之辞[5]。故智者不以言失人之言[6]，故辞不烦而心不虚[7]，志不乱而意不邪。

［注释］

1 兑：通过考察研究，增加对事物的了解。

2 损：减少、排除不利的观念或杂念，从而善断吉凶，有利于实施。陶宏景注："用其心眼，故能知之；减损他虑，故能行之。"

3 说：通"兑"。

4 物有不可者：客观事物的本然与主观不相符的。

5 为之辞：为它辩解。陶宏景注："言减损之说，及其所说之物，理有不可，圣人不生辞以论之也。"

6 不以言失人之言：不因为自己的言论主张而忽视掉对对方言辞信息的获得。

7 烦：繁多。虚：虚伪。陶宏景注："智者听舆人之讼，采刍荛之言，虽复辨周万物，不自说也。故不以己能言而弃众人之言。既用众言，故辞当而不烦；还任众心，故心诚而不伪。心诚言当，志意岂复乱邪哉？"

［译文］

方法是运用损兑之术。兑（增益），是通过考察研究、增加对事物的了解；损（损减），就是减少、排除不利的观念或杂念，从而善断利弊吉凶，有利于下一步的行动。

用"损"和"兑"这两种方法，会发现事物的客观情况与主观要求依然不相符，圣人不会强加辞令进行辩说。

因此，智慧的人不因为自己的言论主张而失掉对对方言辞信息的获得，因而能够做到语言得当而不啰唆，内心充实而不虚伪，志向坚定而不迷乱，意念纯正而不邪恶。

当其难易[1]，而后为之谋，因自然之道，以为实[2]。圆者不行，方者不止，是谓大功[3]。益之损之[4]，皆为之辞。

[注释]

1 当：面对着。

2 实：实际，采取行动。陶宏景注："失事而后谋生，改常而后计起。故心当其难易之际，然后为之谋。谋失自然之道，则事废而功亏。故必因自然之道，以为用谋之实也。"

3 圆者不行，方者不止：谋之妙在于倒转乾坤。圆欲行，方欲止。能使欲行者不行，欲止者不止，非奇谋不可。对方用圆谋求动，我方的谋划要让他无法运行；对方用方略求静，我方的谋划就是要让他停不下来。陶宏景注："夫谋之妙者，必能转祸为福，因败成功，追彼而成我也。彼用圆者，谋令不行；彼用方者，谋令不止。然则，圆行方止，理之常也。吾谋既发，彼不得其常，岂非大功哉？"

4 益之损之：增益、减损。陶宏景注："至于谋之损益，皆为生辞，以论其得失也。"

[译文]

遇到问题，必定要先审度其难易程度，再进行谋划决断。顺应自然之道来制定实施措施。

相反地，我们的谋略是让对方无法按常理常规来谋划行事。圆易行，方易止，这是常理。要让对方的圆谋无法运行，方谋无法停止。这样的谋划才称之为“大成功”。

谋略的增减变化，都要认真地讨论评估。

用分威散势之权，以见其兑[1]威，其机危，乃为之决。故善损兑者，譬若决水于千仞之堤[2]，转圆石于万仞之谷[3]。而能行此者，形势不得不然也。

[注释]

1 见其兑：发现对方的损益变化。陶宏景注：“夫所以能分威散势者，心眼之由也。心眼既明，机危之威可知矣，既知之，然后能决之。”

2 决水：掘开堤坝放水。仞：古代长度单位，相当于八尺。

3 转圆石于万仞之谷：在万仞深谷中滚动圆石，其威势势不可当。陶宏景注：“言善损虑以专心眼者，见事审，得理明，意决而不疑，志雄而不滞。其犹决水转石，谁能当御哉？”

[译文]

要善于利用“分威”“散势”的权变之法，观察对方的损益变化，从而发现对方的破绽，发挥威势。在对方处于危机之时，让对方不得不按我们的决策行事。

因此，善于损兑方法的人，处理事物，就像在千仞大堤决口放水，或者像在万仞深谷中滚动圆石一样，其威势势不可当。而能产生这样的效果，是形势之下不得不如此。

[评析]

领导者要知机权变，要善于观察分析问题。“兑”就是能够用心、眼来观察外物，获取更多的信息；“损”就是能够排除不利因素而行之。“世无常贵、事无常师。”世事不断变化，圣人也不会一成不变，而应该“事之危也，圣人知之。独保其用，因化说事，通达计谋，以识细微”（《抵巇》）。事物出现危险征兆时，圣人就能先行察觉，能保持清醒认识，发挥独特的作用，顺应变化之道来分析事物，陈说利害，因而能通达计谋，辨明事物的细微之处。如何去预知、应对事情的是非得失、成败利钝呢？鬼谷子建议学习灵蓍，知机权变。

蓍草，《本草纲目》曰：“能气冲肌肤，明目，智慧，先知。久服可令人不饥，不老，轻身，强健。”《史记》曰：“老莱子，或即是老子。他用蓍草和艾草做席垫，所以寿命极长。《白虎通》孔子云：蓍之为言，耆也。”耆，即老年人。人年纪越老，经验阅历越多。比如蓍草，可以活上千年，又称智慧之草。《易经·系辞上》曰："探迹索隐，钩深致远，以定天下吉凶，成天下之亹亹者，莫大乎蓍龟。""是故，蓍之德圆而神。"古人把灵龟和灵蓍并称，用作占卜吉凶的工具。

《鬼谷子》把蓍草称作灵蓍，可见着重在"灵"字，也就是强调蓍草的气充、明目、聪慧和先知的特点。要求领导者要效法灵蓍，把它的特点转化成为自己的素养。鬼谷子说："损兑者，几危之决也。"所谓损兑（损益），是在遇到危险征兆时，做决断的依据和关键。因为客观世界是复杂的、变化的，往往会出现没有预料到的偶然情况，而且任何事物都存在成和败、兴和衰的两种可能性，往往会有细微的危险的因素潜藏着，或出现征兆。人要情识远深，知机玄览，知于未兆，察于未形，就要通过对客观世界的观察分析，增加新知，淘汰旧知，按照客观事物的本质来修正自己的成见。

领导者的思维必须要比别人更靠前。站在未来看现在，你才会一切都在把握之中，在危机到来之前，你能预见这个危机，从而避开危机。这才是领导者的使命。领导者的使命在于四个字：救亡图存。居安必须思危，有思才能有备，有备才能无患。无事时当做有事时准备，方可消意外之变。这是领导者必须要养成的思维。

决，就是决策。这是对帝王将相、纵横策士和各级领导者的重要挑战。领导者无时不面临决策，而决策正确与否，又关系到自己或很多人的盛衰存亡。

“兑者，知之也；损者，行之也。”方法是运用损兑之术。兑（增益）是通过考察研究，增加对事物的了解；损（损减）是减少、排除不利的观念或杂念，从而善断利弊吉凶，而有利于下一步行动。

鬼谷子认为，圣明的人，“无为待有德”，虚心受物，尊重客体，言说要符合客观事物，要根据客体的本来面目作出事实的判断，不能因为自己的看法而不尊重别人的不同看法。这样才能“辞不烦，心不虚，志不乱，意不邪”。这是对主观随意性的否定，强调对客观事物的敏锐感受、尊重和速决。如果主观意志与心目所察觉到的事物不相符，则圣人不会随便发表意见，要求主观与物相应。

要能够适应事物的难易程度，为其制定策略，同时顺应自然之道来实施。策略的增减变化，都要经过仔细讨论来判断得失，要善于揣摩对方的心理状态，了解事物隐微的征兆，然后再进行决断。

善于损兑者，其势能会有像从千仞高山上把石头滚下来那样的冲力，那样大的势力。石头在平地上根本没有太大的作用，可是从高山上滚落下来，力量如千军万马，形势就大不相同了。所向必通，无法阻遏。

持　枢

持枢[1]，谓春生、夏长、秋收、冬藏，天之正也[2]。不可干而逆之[3]。逆之者，虽成必败。

[注释]

1 持枢：抓住关键。

2 天之正也：天道运行的规则。正：政也，也是人间君主应该遵循的治国关键。陶宏景注："言春夏秋冬四时运行，不为而自然也，不为而自然，所以为正也。"《论语·颜渊》曰："政者，正也。子帅以正，孰敢不正？"

3 干：干预，干犯。逆：反向，这里指违反。陶宏景注："言理所必有物之自然，静而顺之，则四时行焉，万物生焉。若乃干其时令，逆其气候，成者犹败，况未成者乎？"

元亮曰："含气之类，顺之必悦，逆之必怒，况天为万物之尊而逆之乎？"

[译文]

所谓持枢，即抓住关键，就是说春天播种，夏天生长，秋天收获，冬天储藏，这是四时运行的自然法则。

不可干预和违背这个自然规律。违背自然规律，事情即使偶尔成功了，终归也会失败。

故人君亦有天枢，生、养、成、藏[1]，亦复不可干而逆之，逆之者，虽盛必衰。此天道，人君之大纲也[2]。

[注释]

1 生、养、成、藏：指生聚、养育、成熟、储备。此言人君之天枢亦须遵循自然规律。陶宏景注："言人君法天以运动，故曰亦有天枢。然其生养成藏，天道之行也。人事之正，亦复不别耳。"

2 "亦不可干而逆之"五句：意谓生、养、成、藏，乃为人君之大纲，不可违背。陶宏景注："言干天之行，逆人之正，所谓倒置之。故曰逆非衰而何。此持枢之术，恨太简促，畅理不尽，或简篇脱烂，本不能全故也。"

[译文]

所以人君为政治国的也有关键，就是顺应自然规律，生聚、养育、成熟、储备，是不可违背的，违背自然规律，即使一时强盛，最终必然走向衰败。这就是天道，是作为人君的根本纲领。

[评析]

持，手拿；枢，是门扉的转轴，主管门的开关，引申为事物的纲领或关键。持枢，就是把握关键，即能运转事物。陶宏景题解注："枢者，居中以运外，处近而制远，主于转动者也。故天之北辰，曰天枢；门之运转者，谓之户枢。然则，持枢者，动运之柄以制物也。"

人要运筹帷幄，决胜千里，就必须要了解趋势、掌握规律、抓住事物的关键，这是《持枢》的主旨。鬼谷子认为，世间法则和自然法则一样，自有其客观性、严肃性、不可违抗性。

在自然界，春生、夏长、秋收、冬藏，随时而化，这是天地自然运行法则。人们只能顺应自然规律行事，而不能违逆之。否则，必然受到客观规律的惩罚，即使暂时成功，最终也要失败。

天道如此，君道也如此。"生养成藏"，是人君应守的纲纪，人们要效法天道，尊重客观规律，顺道而行，才能牧养人民，使人民安居乐业，经济发展，社会进步。《意林》引《鬼谷子》轶文曰：“以德养民，犹草木之得时；以仁化仁，犹草木以雨润泽之。”如果违背自然法则，必然遭受自然法则的惩罚；如果违背世间法则，衰败、混乱会随之而生。

同理，一切游说、设谋成事的策略技巧，只有符合客观规律，才能成就功业，否则，即使能得逞于一时，最后也必然归于失败。策略要服从战略，技巧要服从规律。

鬼谷子视此篇为游说成事的根本，鬼谷子在《中经》篇提到“变要在‘持枢’”。本篇与全书各篇不同的是，言简意赅，文字简练得不能再简练，确实太简单了，只提出了观点，没有具体阐述，以至于使人怀疑本篇只是残留下来的一个自然段。但正如陶宏景注：“持枢之术，恨太简促，畅理不尽”，其实陶道长差矣。“道可道非常道”。“生、长、收、藏”乃天道至理，岂能具体阐述？

中　经

中经，谓振穷趋急[1]，施之[2]，能言厚德之人。救拘执[3]，穷者不忘恩也。能言者[4]，俦善博惠[5]。施德者，依道[6]。而救拘执者，养使小人[7]。盖士，当世异时，或当因免阗坑[8]，或当伐害能言[9]，或当破德为雄[10]，或当抑拘成罪[11]，或当戚戚自善[12]，或当败败自立[13]。

故道贵制人，不贵制于人也[14]。制人者握权，制于人者失命。是以见形为容，象体为貌，闻声和音，解仇斗郄[15]，缀去，却语，摄心，守义。《本经》纪事者，纪道数[16]，其变要在《持枢》[17]、《中经》[18]。

[注释]

1 振穷趋急：救助陷入困境或有急难的人。振：救济。

穷：穷困窘迫。急：危急，急难。此句是《中经》篇的总纲。陶宏景注：“振，起也；趋，向也。物有穷急，当振趋而向护之，及其施之，必在能言之士、厚德之人。”

2 施：行。

3 拘执：被拘禁之人，这里指处于困境中的人。陶宏景注：“若能救彼拘执，则穷者怀德，终不忘恩也。”

4 能言者：善于辞令的人（如纵横策士）。

5 俦善博惠：跟品德善良的人结交，博施恩惠。俦善：多善。俦：同辈，同类。陶宏景注：“俦，类也。谓能言之士，解纷救难，不失善人之类，而能博行恩惠也。”

6 施德者，依道：施行德行的人，均遵循道法而行事。依道：遵循道法。陶宏景注：“言施德之人，动能循理，所为不失道也。”

7 而救拘执者，养使小人：解救处于困境中的人，目的是豢养他们，使他们供自己使唤。小人：平民百姓，地位低下者。与大人相对，大人指在高位者，如王公贵族。养使：救养，役使。陶宏景注：“言小人在拘执而能救养之，则小人可得而使也。”

8 阗坑：填塞沟壑。这里指兵荒马乱横尸原野。阗：满，盛。陶宏景注：“填坑，谓时有兵难，转死沟壑，士或有所因，而能免斯祸者。”

9 伐害能言：谗害能言善辩之士。伐害：攻伐陷害。陶宏景注："伐害能言，谓小人之道，谗人罔极，故能言之士，多被残害。"

10 破德为雄：毁坏仁德而拥兵称雄。陶宏景注："破德为雄，谓毁文德，崇兵战。"

11 抑拘成罪：遭到拘捕成为罪犯。陶宏景注："抑拘成罪，谓贤人不辜，横被缧绁。"

12 戚戚自善：忧郁孤独而自善其身。陶宏景注："戚戚自善，谓天下荡荡，无复纲纪，而贤者守死善道，真心不渝，所谓岁寒然后知松柏之后凋，风雨如晦，鸡鸣不已者也。"

13 败败自立：在世倾时厄、势衰事败中，士能兀然自立于世，困不丧志，穷不变节。陶宏景注："败败自立，谓天未悔过，危败相仍，君子穷而必通，终能自立，若管仲者也。"

14 故道贵制人，不贵制于人也：此言策士立于世，当贵制人而不被他人所制。道：方法，这里指处世之道。陶宏景注："贵有术而制人，不贵无术而为人所制者也。"

15 郄：通"隙"，裂隙，这里指矛盾。陶宏景注："此总其目，下别序之。"

16 道数：原理，道之精理，指"盛神""养志""实意"等七种道术。

17 变要：变化的要点。

18“《本经》纪事者”三句：此句是讲《本经》《持枢》《中经》三篇之间的内在关系。陶宏景注：“此总言《本经》《持枢》《中经》之义。言《本经》纪事，但纪道数而已。至于权变之要，乃在《持枢》《中经》也。”

[译文]

所谓中经，是指赈救穷困，济人危难，能够做到这一点者，必然是能言善辩、德行深厚的人。

救人于困境之中，那些被解救的人，就不会忘记你的恩德。能言善辩之士，广结善缘，博施恩惠；广施厚德的人，行事都依据于道；而解救处于困境中的人，必定能够豢养他们，并能使之听从自己驱遣使唤。

大凡士人生逢乱世，身处危难时，有的仅能幸免不抛尸于沟壑；有的因能言善辩却遭人谗害；有的放弃道德，崇尚武力治世而拥兵自雄；有的遭到拘捕成为阶下囚；有的忧心戚戚，坚守善道；有的却在连连失败中自立自强。

所以立身处世之道，贵在能够控制他人，而不是被他人所控制。能控制他人就掌握着主动权，被他人控制就不能把握自己的命运。

因此，有见形为容、象体为貌，闻声知音，解仇斗郄，缀去，却语，摄心，守义等方法。

《本经》记载的是如何做到这些方法的根本道理，其运用时具体的变通的要点，都在《持枢》和《中经》里。

见形为容[1]、象体为貌者，谓爻为之生也[2]。可以影响形容象貌而得之也[3]。有守之人[4]，目不视非[5]，耳不听邪[6]，言必《诗》《书》[7]，行不淫僻[8]，以道为形，以德为容，貌庄色温，不可象貌而得也，如是，隐情塞郄而去之[9]。

［注释］

1 见：现。表现于外形者成为容，象征个体的成为貌。

2 陶宏景注："见彼形，象彼体，即知其容貌者，谓用爻卦占卜而知之也。"仅由他的外在的言行，可测知他的内心，就像由所现出来的卦象，可了解卦爻的意义。

3 可以影响形容象貌而得之也：此言可以通过对一个人的外在形貌而推测出他的内心世界。影响：影子和回响。陶宏景注："谓彼人之无守，故可以影响形容象貌，占而得之。"

4 守：操守。

5 非：错误的东西。

6 邪：邪恶不正的东西。

7《诗》《书》：儒家经典《诗经》和《尚书》。

8 淫僻：淫佚邪僻。

9 隐情塞郄而去之：此言退路。塞郄：弥补缝隙，堵塞漏洞，比喻不留下漏洞。陶宏景注："有守之人，动皆正直，举无淫僻，浸昌浸盛，晖光日新，虽有辩士之舌，无从而发，故隐情、塞郄、闭藏而去之。"

[译文]

所谓"见形为容、象体为貌者"，就是说表现于外形者称为容，象征个体的称为貌。那些无修为的人，喜怒于色，言行完全表现于外，我们仅由他的外在的言行，可测知他的内心，就像依据阴阳爻的位置和卦象之理，可以推断吉凶一样。从一个人的外在行动、声音、体态容貌等信息，可以推测出他的内心世界。

有道德操守的人，非礼勿视，非礼勿听，说话必定引用《诗经》和《尚书》中的文句，行为方正不淫佚邪僻，以道德规范来约束自己行为，相貌端庄、态度温和，不能通过外在相貌来测知他的内心。遇到这样的对手，就赶快隐藏自己的真情，弥补好语言和行为中的漏洞，离他而去。

闻声和音[1]，谓声气不同[2]，恩爱不接[3]。故商、角不二合，徵、羽不相配[4]。能为四声主者，其唯宫乎[5]。故音不和则不悲[6]，是以声散、伤、丑、害者，言必逆于耳也[7]。虽有美行、盛誉，不可比目[8]、合翼相须也[9]，

此乃气不合、音不调者也[10]。

[注释]

1 闻声和音：听到对方的声音就可知道其情感意蕴，就应该用相同的声音去应和，寻求共同的语言。

2 声气不同：双方意气不相投合。声气：声音和气息。

3 恩爱不接：彼此不恩爱友善，在感情上不能相互沟通、彼此接纳。

4 故商、角不二合，徵、羽不相配：商、角、徵、羽，皆为五音之一。五音，即宫、商、角、徵、羽。古代以五音配五行，商配金，角配木，徵配火，羽配水，宫配土。五行之中有相克关系，如金克木，所以商与角就不相配；又如水克火，所以徵和羽也不相配。陶宏景注："商金、角木、徵火、羽水，递相克食，性气不同，故不相配合也。宫则土也，土主四季。四者由之以生，故能为四声之主也。"

5 能为四声主者，其唯宫乎：宫是五音之主。根据五音配五行原则，宫对应的是中土，宫音雄浑平和。五行又与五方相配，东方为木，南方为火，西方为金，北方为水，中央为土。由于土居中央，统领四方，反映在音中，宫声就居于主宰地位了。所以说，能为四声之主的只有宫。

6 悲：悲伤、难听。

7 是以声散、伤、丑、害者，言必逆于耳也：与人谈话，如果有散、伤、丑、害的毛病，就无法入耳入心。散、伤、丑、害：言语中的四种毛病。散：与人言谈时心神不一，精神不集中。伤：言辞刺耳、伤人。丑：言辞粗俗、不雅。害：言辞中暗藏祸害。陶宏景注："散、伤、丑、害，不和之音，音气不和，必与彼乖，故其言必逆于耳。"

8 比目：比目鱼，传说只有一只眼睛，必须两条鱼并行配合才能行动。

9 合翼：比翼鸟，又名鹣鹣、蛮蛮，是中国古代传说中的鸟名。此鸟仅一目一翼，雌雄须并翼飞行，故常比喻恩爱夫妻，亦比喻情深谊厚、形影不离的朋友。相须：彼此互不可分。须：必需，必要。

10 气不合，音不调：品性不合，音便不会协调。"虽有美行、盛誉"四句：此言若声气不和，即使品行美好，声誉显赫，也不能相互协调呼应。陶宏景注："言若音气乖彼，虽行誉美盛，非彼所好，则不可如比目之鱼、合翼之鸟，两相须也。其有能令两相交应，不与同气者乎。"

[译文]

所谓"闻声和音"，指听到对方的声音，就要用相同的声音去应和他。这是因为如果声音的品性不契合，感情上就不能相互沟通、彼此接纳。

因为商主金，角主木，二音相克而不相合；徵主火，羽主水，二音相克也不相配，能作为四声之主来协调四声的，只有主土的宫声了。

所以音调不和谐，人听起来就会悲怆难受，因而言谈话语中如果有散、伤、丑、害的毛病，那么说出的话就会逆耳而无法让人接受。

即使有美好的品行、盛大的声誉，也不能像比目鱼、比翼鸟那样和谐亲密，互相配合。这都是由于意气不合，言语不协调的缘故。

解仇斗郄[1]，谓解羸微之仇。斗郄者，斗强也。强郄既斗[2]，称胜者高其功，盛其势。弱者哀其负[3]，伤其卑[4]，污其名[5]，耻其宗[6]。故胜者闻其功势[7]，苟进而不知退[8]。弱者闻哀其负，见其伤，则强大力倍，死而是也。郄无极大，御无强大[9]，则皆可胁而并。

[注释]

1 解仇斗郄：抑强扶弱，团结弱者，使强者互相争斗。解仇：对于那些羸弱的敌人，我们可以解除对他们的仇恨，使他们免于恐惧。斗郄：使强者相斗以找到罅隙。陶宏景注："辩说之道，其犹张弓，高者抑之，下者举之。故羸微为仇，从而解之；强者为郄，从而斗之也。"

2 强郄既斗：强者之间有矛盾，一定会发生争斗。

3 哀其负：为他的失败而悲哀。

4 伤其卑：为他的卑小感到伤心。

5 污其名：污辱他的名声。

6 耻其宗：羞辱他的祖宗。陶宏景注："斗而弱者，从而哀其负劣，伤其卑小，污下其名，耻辱其宗也。"

7 闻其功势：听到称道他的功业和威势。

8 苟进而不知退：只知进攻而不知适可而退。陶宏景注："知进而不知退，必有亢龙之悔。弱者闻我哀伤，则勉强其力，倍意致死，为我为是也。"

9 郄无极大，御无强大：只要对方有隙可乘，即使不是太大，也无强大可言。陶宏景注："言虽为郄，非能强大，其于扞御，亦非强大。如是者，则以兵威胁，令从己，而并其国也。"

[译文]

所谓解仇斗郄，就是团结弱者，使强者互相争斗；斗郄，就是促使有罅隙矛盾的强者互相争斗。

强者相斗，获胜的一方，就表扬他的功劳，称盛他的声势。失败的一方，就为他的失败表示悲哀，为他的卑小感到伤心，说他名声扫地，辱没了祖宗。

如果胜者听到别人称道自己的功绩与威势，而一味地进攻而不知适可而退。弱者听到别人哀叹其失败，见到自己的损伤，反而会倍增力量，拼死而战。

因此，只要对方有嫌隙可乘，即使不是太大，也无强大可言。我们都可以此法削弱他，进而胁迫他，并吞并它。

缀去者，谓缀己之系言[1]，使有余思也。故接贞信者[2]，称其行[3]，厉其志[4]，言可为可复，会之期喜。以他人之庶，引验以结往，明款款而去之[5]。

[注释]

1 缀己之系言：要运用关心的话去联络他，使他离开后还想念不止。缀、系：连接、联络。系言：系留人心之言。陶宏景注："系，属也，谓己令去，而欲缀其所属之言，令后思而同也。"

2 接贞信者：对待贞洁、诚信之人。

3 称其行：赞誉他的行为。

4 厉其志：激励他的志向。陶宏景注："欲令去后有思，故接贞信之人，称其行之盛美，厉其志令不怠，谓此美行必可常为，必可回复，会通其人，必令至于喜悦也。"

5 以他人之庶，引验以结往，明款款而去之：引用他人的众多的相接近的事情，来证明自己的说法，使之明白，自己以前和他的交往，都是出于款款之情。庶：众多。陶宏景注："言既称行厉志，令其喜悦，然后以他人庶几于此行者，引之以为成，验以结已往之心，又明己款款至诚如是而去之，必思己而不忘也。”款款而去，依依不舍地离去。

[译文]

所谓“缀去”，就是用关心的言语连缀住将离我而去的人，使他离开后对自己依然时刻想念不已。

所以要交接贞洁、诚信的人，就要称赞他们的行为，砥砺他们的志向，告诉他可为之事业前景，欢迎他还可以再回来，与他相约再会的日期。

引用他人的众多的相接近的事情，来证明自己的说法，使之明白，自己以前和他的交往，都是出于一片真心，然后在他离开时，自己要向他表示出不忍离开的款款之情。

却语者，察伺短也[1]。故言多必有数短之处[2]，识其短[3]，验之[4]。动以忌讳[5]，示以时禁。其人恐畏，然后结信，以安其心，收语盖藏而却之[6]，无见己之所不能于多方之人[7]。

[注释]

1 却：去掉。却语：伺察别人言论的漏洞，以此来警示他，然后再以自己的信义来安抚他，对于他的漏洞、失言加以掩饰，使他产生感激之情。换言之，“却语”是将对方言语上的漏洞加以掩饰。察伺短：观察窥伺对方的短处。陶宏景注：“言却语之道，必察伺彼短也。”

2 故言多必有数短之处：言多必有缺陷或漏洞。

3 识：记住。

4 验：检验，挑明。陶宏景注：“言多不能无短，既察其短，必记识之，取验以明也。”。

5 动以忌讳，示以时禁：用犯忌讳的事来慑动他，用当时的禁忌来明示他。动：以……动其心。陶宏景注：“既验其短，则以忌讳动之，时禁示之。”

6 收语：收住话语不再说下去。盖藏：掩盖隐藏。陶宏景注：“其入既以怀惧，必有求服之情，然后结以诚信，以安其惧，以收其向语，盖藏而却之，则其人之恩感，固以深矣。”

7 见：通“现”。多方之人：方家，内行，深明此道的人。陶宏景注：“既藏向语，又戒之曰：勿于多方人前，见其所不能也。”

[译文]

所谓“却语”，就是要善于伺察别人言论的漏洞，并挑明它，以此来警示他犯了禁忌，使他惊惧，然后再以自己的信义保证不会伤害他，以此来安抚他，对于他的漏洞、失言加以掩饰，使他产生感激之情，为我所用。

所以言多必失，我们发觉并记住其中的短处或漏洞，并加以验证。

既验明对方的短处，就可以指出他犯了忌讳来惊动他，也可以明白指出他违反了当时的禁忌来吓唬他。

那么，对方一定会惊恐畏惧，对方既然已经惊恐畏惧，然后以诚信来结交他，让他安心，同时要收住话不要再讲下去了，把对方的失言掩饰起来，而自己却把这些把柄藏在心里，以便以此去挟制他。

由此而论，警诫自己：千万要注意，不要把自己不能做的，也就是己方的缺陷、短处，暴露在修为深厚的方家面前。

摄心者[1]，谓逢好学伎术者[2]，则为之称远[3]。方验之道[4]，惊以奇怪[5]，人系其心于己。效之于人[6]，验去，乱其前[7]，其归诚于己[8]。遭淫色酒者[9]，为之术，音乐动之，以为必死，生日少之忧。喜以自所不见之事[10]，终可以观漫澜之命[11]，使有后会[12]。

[注释]

1 摄心：摄取人心，收服人心。

2 逢：遇到。伎术：技艺道术。

3 称远：称赞其名，使之声名远播。陶宏景注："欲将摄取彼心，见其好学伎术，则为作声誉，令远近知之也。"

4 方验之道：以已方以往的经验检验之。

5 惊以奇怪：故作惊讶，肯定对方。陶宏景注："既为作声誉，方且以道验其伎术，又以奇怪从而惊动之。如此。则彼人必系其心于己也。"

6 效：效验。

7 乱其前：将他的技术知识摆明在众人面前。乱：治理，验证。

8 归诚于己：使他对你心悦诚服而归心于你。陶宏景注："人既系心于己，又效之于时人，验之于往贤，然后更理其目前所为，谓之曰：吾所以然者，归诚于彼人之己。如此，则贤人之心可得，而摄乱者，理也。"

9 遭：遇上。淫色酒者：沉湎于酒色的人。陶宏景注："言将欲探愚人之心，见淫酒色者，为之术；音乐之可说，又以过于酒色，必之死地，生日减少，以此可忧之事，以感动之也。"

10 喜：以……为喜。

11 漫澜之命：美好无限的生命。

12 会：体会。陶宏景注："又以音乐之事，彼所不见者，以喜悦之言，终以可观，何必淫于酒色。若能如此，则性命漫澜而无极，终会于永年。愚人非可以道胜说，故惟音乐可以探其心。”

［译文］

“摄心”，即摄取人心，就是收服人心的方法。遇到身怀技艺或道术的人，要称赞他们的技艺和道术，使他们的声名远播。

再用我们自己的知识经验来验证他的所学，对他的奇特之处表示惊叹，他就会把心交给你。

然后，再把他的知识技术在人前实践，验证其所学，并用他过去获得成功的案例，逐一摆在众人之前，他必然会更加诚心地归属于自己。

遇到对沉湎酒色不能自已的人，使用的做法，就是以音乐感化触动他，让他意识到这样下去，结局是必死，活着的日子就会不多了，使其因担忧而醒悟。

再用对方平时看不见的事情来让他高兴，让他最终感受到生命无限美好，然后醒悟，对于未来充满希望。

守义者[1]，谓守以人义[2]，探其心在内以合也[3]。探心[4]，深得其主也[5]。从外制内[6]，事有系由而随之。故小人比人[7]，则左道而用之[8]，至能败家夺国。非贤智，不能守家以义，不能守国以道[9]。圣人所贵道微妙者[10]，诚以其可以转危为安，救亡使存也。

［注释］

1 守义：坚守做人的道义。

2 人义：仁义。

3 探其心在内：探讨他的内心想法。陶宏景注："义，宜也。探其内心，随其人所宜，遂所欲以合之也。"

4 探心：同上"探其心在内"。

5 深得其主：了解他的内心思想。

6 从外制内：进而我们就可由外而内控制他。陶宏景注："既探知其心，所以得主深也。得心既深，故能从外制内。内由我制，则何事不行。故事有所属，莫不由曲而随己也。"

7 比：结党营私。

8 左道：旁门左道。陶宏景注："小人以探心之术来比于君子，必以左道用权。凡事非公正者，皆由小人反道乱常、害贤伐善，所用者左，所违者公，百度昏亡，万机旷紊，家败国夺，不亦宜乎！"

9 道：道术。陶宏景注："道，谓中经之道也。"

10 贵：看重。

［译文］

所谓"守义"，就是坚守仁义，并从内探取对方的心意，以迎合他。

探取对方的心，就可得到他内心的真实意图，然后从外面控制他的内心，如果能控制其心，遇到事情，因对方的心意被你所控制，从而屈从于你。

而小人不能守义也能团结一些人，不过他们是以利与人结交，用的是旁门左道来行事，以致家败国亡。

不是贤能有智慧的人，就不能以义来守家，以道来治国。圣人之所以尊重道的微妙，是因为道确实可以使家国转危为安，可以救亡图存。

［评析］

讲到“中经”，中者，心也；经者，法则也。中经就是领导者的心法！开篇就谈到做一个有用的人才需要具备三个条件：第一个条件是振穷趋急，即当某人或组织陷入困境时，你能振作解困，遇到危急之事，他能救济急难。简言之，是急公好义的人。第二个条件是施之能言，能做到这些的人一定是能言善道之士。会沟通、有说服力。第三个条件叫作厚德之人。什么叫厚德之人呢？厚德，是从《易经》坤卦里来的名词。“地势坤，君子以厚德载物。”是能效法大地母亲之人，坤德就是妇道，包括三方面：要有容人的雅量，配合，成人之美。

附　录

嘉庆十年江都秦氏刻本《鬼谷子》[1]

① 此影印本（节选），请从第 346 页倒序（自右往左）读起。

鬼谷子卷上

梁陶宏景注

捭闔第一

捭撥動也闔閉藏也凡與人言之道或撥動之令有言示其同也或閉藏之令自言示其異也

粤若稽古聖人之在天地間也

若順稽考也聖人在天地間觀人設教必順考古道而爲之

爲衆生之先

首出庶物以前人用先知覺後知先覺覺後覺故爲衆生先

觀陰陽之開闔以名命物

陽開以生物陰闔以成物生知成既著須立名以命之也

知存亡之門户

不忘亡者存有其存者亡能知吉凶之先見者其唯知幾者乎故曰知存亡之門户也

籌策萬類之終始達人心之理見變化之朕焉

萬類之終始人心之理變化之朕莫不朗然元悟而無幽不測故能籌策遠見焉朕迹也

而守司其門户

門戶即上存亡之門戶也聖人既達物理之終始知存亡之門戶故能守而司之令其背亡而趣存也○案道藏本注門戶上有司主守也四字故聖人之在天下也自古及○案及道藏本作之鮑本作至今其道一也莫不背亡而趣存故曰其道一也變化無窮各有所歸其道雖一所行不同故曰變化無窮然有條而不紊故曰各有所歸或陰或陽或柔或剛或開或閉或弛或張此言象法各異施教不同是故聖人一○案意林無一字守司其門戶審察其所○案意林無所字先後政教雖殊至於守司門戶則一故審察其所宜先者先行所宜後者後行之也度權量能校其伎巧短長權謂權謀能謂才能伎巧謂百工之役言聖人之用人必量度其謀能之優劣校考其伎巧之長短然後因材而任之也夫賢不肖智愚勇怯仁義有差乃可捭乃可闔乃可進乃可退乃可賤乃可貴無爲以牧之言賢不肖智愚勇怯

材性不同各有差品賢者可拝而同之不肖者可闔而異之智之與勇可進而貴之愚之與怯可退而賤之賢愚各當其分股肱各盡其力但恭已無爲牧之而已矣審定有無與○案道藏本作以其實虛隨其嗜欲以見其志意言任賢之道必審定其材術之有無性行之虛實然後隨其嗜欲而任之以見其志意之眞僞也微排其所言而捭反之以求其實貴得其指闔而捭之以求其利凡臣言事者君則微排抑其所言撥動而反難之以求其實情實情既得又自閉藏而撥動彼以求其所言之利何如耳或開而示之或闔而閉之開而示之者同其情也闔而閉之者異其誠也開而同之所以盡其情闔而異之所以知其誠也可與不可審明其計謀以原其同異凡臣所言有可有不可必明審其計謀以原其同異○案凡臣道藏本作凡有離合有守先從其志謂其計謀雖離合不同但能有所執守則先從其志以盡之以知成敗之歸也

即欲捭之貴周即欲闔之貴密周密之貴微○案文選注引云即欲闢之貴密密之貴微而與道相追言撥動之貴其周徧閉藏之貴其隱密而此二者皆須微妙合於道之理然後爲得也捭之者料其情也闔之者結其誠也料謂簡擇結謂繫束情有眞僞故須簡擇誠或無終故須繫束也皆見其權衡輕重乃爲之度數聖人因而爲之慮權衡既陳輕重自分然後爲之度數以制其輕重得所因而爲設謀慮使之遵行也其不中權衡度數聖人因而自爲之慮謂輕重不合於斤兩長短不充於度數便爲廢物何所施哉聖人因是自爲謀慮更求其反也故捭者或捭而出之或捭而內○案內道藏本作納之謂中權衡者納古字內通作納出而用之其不中者內而藏之也闔者或闔而取之或闔而去之誠者闔而取之不誠者闔而去之捭闔者天地之道闔戶謂之坤闢戶謂之乾故謂天地之道捭闔者以

四

變動陰陽四時開閉以化萬物縱橫陰陽變動四時開閉皆捭闔之道也縱橫謂廢起萬物或開以起之或闔而廢之反出反覆反忤必由此矣言捭闔之道或反之令出於彼或反之覆來於此或反之於彼忤之於此皆從捭闔而生故曰必由此也捭闔者道之大化說之變也必豫審其變化言事無開闔則大道不化言說無變故開閉者所以化大道變言說事雖大莫不成之於變化故必豫審之吉凶大命繫焉天命謂聖人稟天命王天下然此亦因變化而起故曰吉凶大命繫焉○案道藏本缺正文及注口者心之門戶也心者神之主也心因口宣故曰口者心之門戶也神爲心用故曰心者神之主也志意喜欲思慮智謀此皆由門戶○案意林作智謀皆從之出出入凡此八者皆往來於口中故曰皆由門戶出入也故關之以捭闔制之以出入捭之者開也言也陽也闔之者閉也默也陰也言上

八者若無開閉事或不節故關之以捭闔者所以制其出入開言於外故曰陽也閉情於內故曰陰也陰陽其和終始其義開閉有節故陰陽和先後合宜故終始義故言長生安樂富貴尊榮顯名○案一本作榮顯名譽愛好財利得意喜欲爲陽曰始凡此皆欲人之始生故曰陽曰始故言死亡憂患貧賤苦辱棄損亡利失意有害刑戮誅罰爲陰曰終凡此皆欲人之死故曰陰曰終諸言法陽之類者皆曰始言善以始其事諸言法陰之類者皆曰終言惡以終其謀謂言說者有於陽言之有於陰言之聽者宜知其然也捭闔之道以陰陽試之謂或撥動之或閉藏之以陰陽之言試之則其情慕可知故與陽言者依崇高與陰言者依卑小謂與陽情言者依崇高以引之與陰情言者依卑以引之以下求小以高求大陰言卑小故曰以下求小陽言崇高故曰以高

求大由此言之無所不出無所不入無所不可陰陽之理盡小大之情得故出入皆可出入皆可何所不可乎可以說人可以說家可以說國可以說天下無所不可故所說皆可也爲小無內爲大無外盡陰則無內盡陽則無外益損去就倍反皆以陰陽御其事以道相成曰益以事相賊曰損義乖曰去志同曰就去而遂絕曰倍去而復來曰反凡此不出陰陽之情故曰皆以陰陽御其事也陽動而行陰止而藏陽動而出陰隱而入陽還終陰陰極反陽此言君臣相成由陰陽相生也○叅君臣道藏本作上下下竝同以陽動者德相生也以陰靜者形相成也以陽求陰苞以德也以陰結陽施以力也此言君以爵祿養臣臣以股肱宣力陰陽相求由捭闔也君臣所以能相求者由開閉而生也此天地陰陽之道而說人之法也言既體天地象陰陽

故其法可以說人也爲萬事之先是謂圓方之門户天圓地方君臣之義也理盡開閉然後能生萬物故爲萬事先君臣之道因此出入故曰圓方之門户圓君也方臣也○案道藏本無圓君也六字

反應第二聽言之道或有不合必反以難之彼因難而更思必有以應也○案太平御覽作反覆篇据本文當作反覆

古之大化者乃與無形俱生大化者謂古之聖人以大道化物也無形者道也動必由道故曰無形俱生也反以觀往覆以驗來反以知古覆以知今反以知彼覆以知此言大化聖人稽衆舍己舉事重慎反覆詳驗欲以知來先以觀往欲以知今先以考古欲以知己先度於彼故能舉無遺策動必成功○案道藏本作覆以知己据注應作知己爲

是動靜虛實之理不合於今反古而求之動靜由行止也虛實由眞

僞也其理不合於今反求諸古者也事有反而得覆者聖人之意也事有不合
反而求彼翻得覆會於此成此在於考彼契今由於求古斯聖人之意也不可不察不審則失之於
幾故不可不察也人言者動也已默者靜也因其言聽其辭以靜
觀動則所見審因言聽辭則所得明言有不合者反而求之其應必出謂言
者或不合於理未可即斥但反而難之使自求之則契理之應怡然自出也言有象事有比
其有象比以觀其次應理既出故能言有象事有比前事既有象比更當觀其次令得自
盡象謂法象比謂比例象者象其事比者比其辭也以無形求有
聲理在元微故無形也無言則不彰故以無形求有聲聲即言也比謂比類也其釣語合事
得人實也得魚在於投餌得語在於發端發端則語應投餌則魚來故釣語則事合故曰合事明試
在於數言故口得人實也○案道藏本注釣語上有曰字釣語下有語字其猶張罝網而取

獸也多張其會而司之道合其事彼自出之此釣人之網也張網而司之彼獸自得道合其事彼理自出言理既彰聖賢斯辯雖欲自隱其道無由故曰釣人之網也常持其網驅之其不言無比乃爲之變持釣人之網驅令就職事也或乖彼遂不言無比如此則爲之變變常易網更有以象之者矣○案象道藏本作動據下文以象動之則注文象動二字當並存以象動之以報其心見其情隨而牧之此言其變也報猶合也謂更開法象以動之既合其心則其情可見因隨其情慕而牧養之也已反往彼覆來言有象比因而定基已反往以求彼彼必覆來而就職則奇策必申故言有象比則口無擇言故可以定邦家之基也重之襲之反之覆之萬事不失其辭謂象比之言既可以定基然後重之襲之反之覆之皆謂再三詳審不容謬妄故能萬事允愜無復失其辭也聖人所誘愚智事皆不疑聖人誘愚則閉藏以知其誠誘智則撥動以盡其情

戚得其實故事皆不疑也故善反聽者乃變鬼神以得其情言善反聽者乃坐忘遺鑒不思元覽故能變鬼神以得其情洞幽微而冥會夫鬼神本密今則不能故曰變也其變當也而牧之審也言既變而當理然後牧之之道審也牧之不審得情不明得情不明定基不審情明在於審牧故不審則不明審基在於情明故不明則不審變象比必有反辭以還聽之謂言者於象比有變必有反辭以難之令其有言我乃還靜以聽之○案有言道藏本作先說欲聞其聲反默欲張反歛○案道藏本作驗北史姚僧垣傳驗垂覆目不得視與此義合欲高反下欲取反與此言反聽之道有以誘致之故欲聞彼聲我反靜默欲彼開張我反驗歛欲彼高大我反卑下欲彼收取我反施與如此則物情可致無能自隱也○案驗歛錢本作歛歛似誤今從道藏本改正欲開情者象而比之以牧其辭同聲相呼實理同歸欲開彼情先設象比以動之彼情既動將欲生辭徐徐牧

養令其自言譬猶鶴鳴于陰聲同必應故能實理相歸也或因此或因彼或以事上
或以牧下謂所言之事或因此發端或因彼發端其事有可以事上可以牧下也此聽真
僞知同異得其情詐也謂眞僞同異情詐因此上事而知也動作言默與
此出入喜怒由此以見其式謂動作言默莫不由情與之出入至於或喜或怒亦
由此情以見其式也皆以先定爲之法則謂上六者皆以先定人於情然後法則可爲以
反求覆觀其所託故用此者反於彼者所以求覆於此因以觀彼情之所託此謂
信也知人在於見情故言用此也己欲平靜以聽其辭察其事論萬物
別雄雌謂聽言之道先自平靜既得其辭然後察其事或論序萬物或分別雄雌也雖非其
事見微知類謂所言之事雖非時要然觀此可以知彼故曰見微知類也○案彼道藏本作微
若探人而居其內量其能射其意符應不失如螣蛇之

所指若羿之引矢聞其言則可知其情故若探人而居其內則情原必盡故量能射意萬無一失若合符契滕蛇所指禍福不差羿之引矢命處輒中聽言察情不異於此故以相況也故知之始己自知而後知人也知人者智自知者明智從明生明能生智故欲知人先須自知也其相知也若比目之魚其見形也若光之與影我能知彼彼須我知必兩得之然後聖賢道合故若比目之魚聖賢合則理自彰猶光生而影見也○案太平御覽引反覆篇云其和也若比目魚其伺言也若聲與響注曰和答問也因問而言申叙其解如比目魚相須而行候察言辭往來若影之隨形響之應聲其察言也不失若磁石之取鍼如舌之取燔骨以聖察賢復何所失故若磁石之取鍼舌之取燔骨也其與人也微其見情也疾聖賢相與其道甚微不移寸陰見情甚疾如陰與陽如圓與方君臣之道取類股肱比之一體其來尚矣故其相成也如陰與陽其相形也猶圓與方○案道藏本正文如陰與陽

下有如陽與陰向知圓與方下有如方與圓句未見形圓以道之既見形方以事之謂臣向晦入息未見之時君當以圓道導之亦既出潛離隱見形之後即以才職任之○案道藏本注無君臣二字進退左右以是司之此言用臣之道或升進或黜退或貶左或崇右一準上圓方之理故曰以是司之已不先定牧人不正方圓進退已不先定則於牧人之理不得正也其事用不巧是謂忘情失道用事不巧則操末續顛圓鑿方枘情道兩失故曰忘情失道也己審先定以牧人策而無形容莫見其門是謂天神已能審定以之牧人至德潛暢元風遠扇非形非容無門無户見形而不及道日用而不知故謂之天神也○案注之牧人至德五字據道藏本補

內揵第三

揵者持之令固也言君臣之際上下之交必內情相得然後結固而不離

君臣上下之事有遠而親近而疏道合則遠而親情乖則近而疏就之

不用去之反求非其意則就之而不用順其事則去之而反求曰進前而不御遥聞聲而相思分違則日進前而不御理契則遥聞聲而相思○案意林引或遥聞而相思或進前而不御事皆有内揵素結本始言或有遠而相親去之反求聞聲而思者皆由内合相持素結其始故皆有内揵素結本始也曰或結以道德或結以黨友或結以財貨或結以采色結以道德謂以道德結連於君若帝之臣名爲臣其實爲師也結以黨友謂以友道結連於君王者之臣名爲臣其實爲友也結以貨財結以采色謂若桀紂之臣費仲惡來之類是也用其意欲入則入欲出則出欲親則親欲疏則疏欲就則就欲去則去欲求則求欲思則思自入出已下八事皆用臣之意隨其所欲故能固志於君物莫能間也若蚨母之從其子也出無間入無朕獨往獨來莫之能止蚨母螲蟷也似蜘蛛在穴中有蓋言蚨母養子以蓋覆穴

出入往來初無間朕故物不能止之今內揵之臣委曲從君以自結固無有間隙亦由是也內者進說辭也揵者揵所謀也說辭既進內結於君故曰內者進說辭也度情爲謀君必持而不捨故曰揵者揵所謀也欲說者務隱度計事者務循順說而隱度則其說必行計而循順則其計必用陰慮可否明言得失以御其志謂隱慮可否然後明言得失以御君志也方來應時以合其謀方謂道術謂以道術來進必應時宜以合會君謀也詳思來揵往應時當也詳思計慮來進於君可以自固然後往應時宜必當君心也夫內有不合者不可施行也計慮不合於君則不可施行也乃揣切時宜從便所爲以求其變前計既有不合乃更揣量切摩當時所爲之便以求所以變計也以變求內者若管取揵以管取揵揵必離以變求內內必合言往者先順辭也說來者以變言也往事已著故言之貴順辭來事未形故說之貴通變

地善變者審知地勢乃通於天以化四時使鬼神合於
陰陽善變者謂善識通變之理審知地勢則天道可知故曰乃通於天知天則四時順理而從化故曰以
化四時鬼神者助陰陽以生物者也道通天地乃能使鬼神合德於陰陽也而牧人民見其
謀事知其志意既能知地通天化四時合陰陽乃可以牧養人民其養人也必見其謀事而知
其志意也事有不合者有所未知也謂知之即與合未知即不與合也合而
不結者陽親而陰疏或有離合而不結固者謂以陽外相親陰內相疏也事有不
合者聖人不為謀也不合謂圓鑿而方枘故聖人不為謀也故遠而親者
有陰德也近而疏者志不合也陰德謂陰私就而不用相得之德也
者策不得也去而反求者事中來也謂所言當時未合事過始驗故曰事
中來也日進前而不御者施不合也遙聞聲而相思者合

於謀待決事○案待決事三字据道藏本增也謂彼所行合於己謀待之以決其事故遙聞聲而相思也故曰不見其類而爲○案爲道藏本作說之者見逆不得其情而說之者見非言不得其情類而爲說者若北轅適楚東軫遊秦所以見非逆也○案注爲說者道藏本作說之者得其情○案得字上一本有必字乃制其術得其情則鴻遇長風魚縱大壑沛然莫之能禦故能制其術也此用可出可入可揵可開此用者謂用其情也則出入自由揵開任意也故聖人立事以此先知而揵萬物言以得情立事故能先知可否萬品所以結固而不離者皆由得情也由夫道德仁義禮樂忠信計謀由夫得情故能行其道德仁義已下事也先取詩書混說損益議論去就混同也謂先考詩書之言以同己說然後損益時事議論去就也欲合者用內欲去者用外內謂情內外謂情外得情自合失情自去此蓋理之常也外內者必明道

數揣策來事見疑決之言善知內外者必明識道術之數預揣來事見疑能決也策無失計立功建德既能明道數故策無失計乃立功建德也治名入產業曰揵而內合理君臣之名使上下有序入貢賦之業使遠近無差上下有序則職分明遠近無差則徭役簡如此則爲國之基日固故曰揵而內合也上暗不治下亂不寤揵而反之上暗不治其任下亂不寤其萌如此天下無邦域中曠主兼昧者可行其事俛亡者由是而興故曰揵而反之內自得而外不留說而飛之言自賢之主自以所行爲得而外不留賢者之說如此者則爲作聲譽而飛揚之以鈎其歡心也若命自來已迎而御之君心既善已必自有命來召已則迎而御之以行其志也若欲去之因危與之翔而後集意欲去之因其將危與之辭矣環轉因化莫知所爲退爲大儀去就之際反覆量宜如員環之轉因彼變化雖優者莫知其所爲如是而退可謂全身大儀儀者法也

抵巇第四抵擊實也巇釁隙也墻崩因隙器壞因釁方其釁隙而擊實之則墻器不敗若不可救因而除之更有所營置人事亦猶是也○案巇太平御覽引作攦劉逵注左思賦云鬼谷先生書有抵戲篇又作戲漢書杜業傳贊業因勢而抵陒服虔曰抵音紙陒音羲蘇秦書有此法顏師古注抵擊也陒毀也陒音詭一說讀與戲同許宜反亦險也言擊其危險之處鬼谷有抵戲篇也

物有自然○案文選注引樂氏注曰自然繼本名也事有合離此言合離者乃自然之理有近而不可見有遠而可知近而不可見者不察其辭也遠而可知者反往以驗來也察辭觀行則近情可見反往驗來則遠事可知古猶今也故反考往古則可驗來今故曰反往以驗來也巇者罅也罅者㵎也㵎者成大隙也隙大則崩毀將至故宜有以抵之也巇始有朕可抵而塞可抵而卻可抵而息可抵而匿可抵而得此謂抵巇之理也

（眹者隙之將兆謂其微也自中成隙者可抵而塞自外來者可抵而卻自下生者可抵而息其萌微者可抵而匿都不可捄者可抵而得深知此五者然後盡抵巇之理也）事之危也聖人知之獨保其身因化說事（○案太平御覽引身作用道藏本亦作用）通達計謀以識細微（形而上者謂之聖人故危兆纔形朗然先覺既明且哲故獨保其身也因化說事隨機逞術通達計謀以經緯識細微而預防之也）經起秋毫之末揮之於太山之本（漢高奮布衣以登皇極殷湯由百里而取萬邦經始也揮發也）其施外兆萌牙櫱之謀皆由抵巇抵巇之隙爲道術用（宫亂政施外兆萌牙櫱之時智謀因此而起蓋由善抵巇之理故能不失其機然則巇隙既發乃可行道術故曰巇隙爲道術用也）天下紛錯上無明主公侯無道德則小人讒賊賢人不用聖人竄匿貪利詐僞者作君臣相惑土崩瓦解而相伐射父子離散乖

亂反目是謂萌牙巇罅此謂亂政萌牙爲國之巇罅伐射謂相攻伐而激射也聖人見萌芽巇罅則抵之以法世可以治則抵而塞之不可治則抵而得之或抵如此或抵如彼或抵反之或抵覆之如此謂抵而塞之如彼謂抵而得之反之謂助之爲理覆之謂自取其國五帝之政抵而塞之三王之事抵而得之五帝之政世猶可理故曰抵而塞之是以有禪讓之事三王之事世不可理故曰抵而得之是以有征伐之事諸侯相抵不可勝數當此之時能抵爲右謂五伯時右由上也自天地之合離終始必有巇隙不可不察也合離謂否泰言天地之道正觀尚有否泰爲之巇隙而況於人乎故曰不可不察也察之以捭闔能用此道聖人也捭闔亦否泰也體大道以經人事者聖人也聖人者天地之使也後天而奉天時曰天地之使也故世無可抵則

深隱而待時時有可抵則爲之謀可以上合可以檢下上合謂抵而塞之助時爲治檢下謂抵而得之使來歸已也能因能循爲天地守神言能因循此道則大寶之位可居故能爲天地守其神化也○案注神化鮑本作神祀

鬼谷子卷上

嘉慶十年乙丑冬十月甘泉吴漣寫

江都秦伯敦父校刊計十二葉

鬼谷子卷上

二四

鬼谷子卷中

梁 陶 宏 景 注

飛箝第五

飛謂作聲譽以飛揚之箝謂牽持緘束令不得脫也言取人之道先作聲譽以飛揚之彼必露情竭志而無隱然後因其所好牽持緘束令不得轉移也

凡度權量能所以徵遠來近凡度其權畧量其材能爲作聲譽者所以徵遠而來近也謂賢者所在或遠或近以此徵來若燕昭尊郭隗即其事也立勢而制事必先察同異○案同異下据注脫之黨二字別是非之語言遠近既至乃立賞罰之勢制能否之事事勢既立必先察黨與之同異別言語之是非見內外之辭知有無之數外謂虛無內謂情實有無謂道術能否又必見其情僞之辭知其能否之數也決安危之計定親疏之事既察同異別是非見內外知有無然後與之決安危之計定親疏之事則賢不肖可知也然後

乃權量之其有隱括乃可徵乃可求乃可用權之所以知其輕重量之所以知其長短輕重既分長短又形乃施隱括以輔其曲直如此則徵之亦可求之亦可用之亦可引鈎箝之辭飛而箝之鈎謂誘致其情言人之材性各有差品故鈎箝之辭亦有等級故內感而得其情曰鈎外譽而得其情曰飛得情則箝持之令不得脫移故曰鈎箝故曰飛箝鈎箝之語其說辭也乍同乍異謂說鈎箝之辭或捭而同之或闔而異之故曰乍同乍異也其不可善者或先徵之而後重累不可善謂鈎箝之辭所不能動如此者必先命徵召之重累者謂其人既至然後狀其材術所有知其所能人或因此從化也或先重以○案以字疑衍累而後毀之或有雖都狀其所有猶未從化然後就其材術短者訾毀之人或過而從之無不知化也或以重累爲毀或以毀爲重累或有狀其所有其短自形此以重累爲毀也或有歷說其短材術便著此以毀爲重累也爲其人難動故或重累之或訾毀之所以驅誘之令從化

也其用或稱財貨琦瑋珠玉璧帛采色以事之其用謂人能從化將欲用之必先知其性行好惡動以財貨采色者欲知其人貪廉也或量能立勢以鉤之量其能之優劣然後立去就之勢以鉤其情以知其智謀也或伺候見憪而箝之謂伺彼行事見其憪隙而箝持之以知其勇怯也其事用抵巇謂此上事用抵巇之術而爲之

將欲用之於天下必度權量能見天時之盛衰制地形之廣狹岨嶮之難易人民貨財之多少諸侯之交孰親孰疏孰愛孰憎將用之於天下謂用飛箝之術輔於帝王度權量能欲知帝王材能可輔成否天時盛衰地形廣狹人民多少又欲知天時地利人和合其泰否諸侯之交親疏愛憎又欲知從否之衆寡心意之慮懷審其意知其所好惡乃就說其所重以飛箝之辭鉤其所好乃以箝求之既審其慮懷又知其好惡然後就其所最重者

而說之又以飛箝之辭鉤其所好既知其所好乃箝而求之所好不違則何說而不行哉用之於人則量智能權材力料氣勢爲之樞機○案一本有飛字以迎之隨之以箝和之以意宣之此飛箝之綴也用之於人謂用飛箝之術於諸侯之國也量智能料氣勢者亦欲知其智謀能否也樞所以主門之動靜機所以制弩之放發言既知其諸侯智謀能否然後立法鎮其動靜制其放發猶樞之於門機之於弩或先而迎之或後而隨之皆箝其情以和之用其意以宣之如此則諸侯之權可得而執己之恩信可得而固故曰飛箝之綴也謂用飛箝之術連於人也用之於人則空往而實來綴而不失以究其辭可箝而從可箝而橫可引而東可引而西可引而南可引而北可引而反可引而覆用之於人謂以飛箝之術任使人也我但以聲譽飛揚之故曰空往彼則開心露情歸附於己故曰實來既得其情必綴而勿失又令敷奏以言以究其辭如此則從橫東西

南北反覆惟在己之箝引無思不服也雖覆能復不失其度雖有覆敗必能復振不失其節度此飛箝之終也

忤合第六大道既隱正道不得坦然而行故將合於此必忤於彼令其不疑然後可行其意若伊呂之去就是也

凡趨合倍反計有適合言趨合倍反雖參差不齊然施之計謀理乃適合也化轉環屬各有形勢反覆相求因事爲制言倍反之理隨化而轉如連環之屬然其去就各有形勢或反或覆理自相求莫不因彼事情爲之立制也是以聖人居天地之間立身御世施教揚聲明名也必因事物之會觀天時之宜因知所多所少以此先知之與之轉化所多所少謂政教所宜多所宜少也既知多少所宜然後爲之增減故曰以此先知謂用倍反之理知之也轉化謂轉變以從

化也世無常貴事無常師能仁爲貴故無常貴主善爲師故無常師聖人無常與無不與無所聽無不聽善必與之故無不與無稽之言勿聽故無所聽○案注無所聽當作無不聽成於事而合於計謀與之爲主於事必成於謀必合如此者與衆立之推以爲主也合於彼而離於此計謀不兩忠合於彼必離於此是其忠謀不得兩施也必有反忤反於是○案一本作此忤於彼忤於此反於彼其術也既忠不兩施故宜行反忤之術反忤者意欲反合於此必行忤於彼忤者設疑似之事令昧者不知覺其事也用之於天下必量天下而與之用之於國必量國而與之用之於家必量家而與之用之於身必量身材能氣勢而與之大小進退其用一也用之者謂用反忤之術量者謂量其事業有無與謂與之親凡行忤者必稱其事業所有而親媚之則暗主無從而覺故得行其術

也所行之術雖有大小進退之異然而至於稱事揚親則一故曰其用一也必先謀慮計定而後行之以飛箝之術將行反忤之術必須先定計謀然後行之又用飛箝之術以彌縫之也○案錢本無彌字據道藏本增古之善背向者乃協四海包諸侯忤合之地而化轉之然後求合言古之深識背向之理者乃合同四海兼并諸侯驅置忤合之地然後設法變化而轉移之衆心既從乃求其真王而與之合也故伊尹五就湯五就桀而不能有所明○案錢本無桀字道藏本無而不能有所明六字然後合於湯呂尚○案一本作望三就文王三入殷而不能有所明然後合於文王伊尹呂尚所以就桀紂者所以忤之令不疑彼既不疑然後得合於真主矣○案太平御覽引忤合篇云伊尹五就桀五就湯然後合於湯呂尚三入殷朝三就文王然後合於文王此天知之至歸之不疑注云伊尹呂尚各以至知說聖王因擇釣行其術策此知天命之箝故

歸之不疑也以天命係於殷湯文王故二臣歸二主不疑也非至聖達奧不能御世非勞心苦思不能原事不悉心見情不能成名材質不惠不能用兵忠實無眞不能知人故忤合之道已必自度材能知睿量長短遠近孰不如夫忤合之道不能行於勝己而必用之於不我若故知誰不如然後行之也乃可以進乃可以退乃可以縱乃可以橫既行忤合之道於不如己者則進退縱橫唯吾所欲耳

揣篇第七

○案太平御覽引作揣情篇

古之善用天下者必量天下之權而揣諸侯之情量權不審不知强弱輕重之稱揣情不審不知隱匿變化之動靜何謂量權曰度於大小謀於衆寡稱貨財有無之

數○案道藏本作稱貨財之有無料人民多少饒乏有餘不足幾何辨地形之險易孰利孰害謀慮孰長孰短揆君臣之親疏孰賢孰不肖與賓客之智慧○案道藏本作知睿孰少孰多觀天時之禍福孰吉孰凶諸侯之交○案道藏本作親一本作親疏孰用孰不用百姓之心去就變化孰安孰危孰好孰憎反側孰辨○案道藏本辨作便能知此者是謂量權天下之情必見於權也善於量權其情可得而知之知其情而用之者何適而不可哉揣情者必以其甚喜之時往而極其欲也其有欲也不能隱其情○案二句文選注引上有藏形二字似誤必以其甚懼之時往而極其惡也其有惡也不能隱其情情欲必出○案出道藏本作失其變夫人之性甚喜則所欲著甚懼則所惡彰故因其彰

著而往極之惡欲既極則其情不隱是以感動而不知情欲因喜懼之變而生也○案生當作出其變者乃且錯其人勿與語而更問其所親知其所安雖因喜懼之時以欲惡感動而尚不知其變如此者乃且置其人無與之語徐徐更問斯人之所親則其情欲所安可知也夫情變於內者形見於外故常必以其見者而知其隱者此所以○案一本無以字謂測深探情夫情貌不差內變者必外見故常以其外見而知其內隱觀色而知情者必用此道此所謂測深揣情也○案探情道藏本作揣情据注則探字似誤故計國事者則當審權量說人主則當審揣情謀慮情欲必出於此審權量則國事可計審揣情則人主可說至於謀慮情欲皆揣而後行故曰謀慮情欲必出於此也○案太平御覽引揣情篇云說王公君長則審情以說避所短從所長乃可貴乃可賤乃可重乃可輕乃可利乃可害乃可成乃

可敗其數一也言審於揣術則貴賤成敗唯已所制無非揣術所爲故曰其數一也故雖有先王之道聖智之謀非揣情隱匿無可索之此謀之大本也而說之法也先王之道聖智之謀雖宏曠元妙若不兼揣情之術則彼之隱匿從何而索之然則揣情者誠謀之大本而說之法則也常有事於人人莫能先先事而生此最難爲挾揣情之術者必包獨見之明故有事於人人莫能先也又能窮幾應變故先事而生自非體元極妙則莫能爲此矣故曰此最難爲也○案道藏本注應變作盡變故曰揣情最難守司言必時其謀慮人情險於山川難於知天今欲揣度而守司之不亦難乎故曰揣情最難守司謀慮出於人情必當知其時節此其所以爲最難也故觀蜎飛蠕動無不有利害可以生事美生事者幾之勢也蜎飛蠕動微蟲耳亦猶懷利害之心故順之則喜說逆之則勃怒況於人乎況於鬼神乎是以利害者理所不能無順逆者事之所必行

然則順之招利逆之致害理之常也故觀此可以成生事之美生事者必審幾微之勢故曰生事者幾之勢也

此揣情飾言成文章而後論之也言既揣知其情然後修飾言語以導之故說辭必使成文章而後可論也

三六

摩篇第八

〇案太平御覽引作摩意篇

摩者揣之術也〇案太平御覽引摩意篇云摩者揣之也內符者揣之主也謂揣知其情然後以其所欲切摩之故摩爲揣之術內符者謂情欲動於內而符驗見於外揣者見外符而知內情故內符爲揣之主也〇案道藏本注無切字用之有道其道必隱揣者所以度其情慕摩者所以動其內符用揣摩者必先定其理故曰用之有道然則以情度情情本潛密故曰其道必隱也微〇案別本微字接前隱字爲句摩之以其所欲測而探之內符必應其所應也必有爲之言既揣知其情所趨向然後以其所欲微切摩之得所欲而情必動

又測而探之如此則內符必應內符既應必欲爲其所爲也

故微而去之是謂塞窌匿端隱貌逃情而人不知故能成其事而無患

君既欲爲事必可成然後從之臣事貴於無成有終故微而去之爾若已不同於此計令功歸於君如此可謂塞窌匿端隱貌逃情情逃而窌塞則人何從而知之人既不知所以息其僭妬故能成事而無患也○案注僭字疑作譖

摩之在此符應在彼從而用之事無不可

此摩甚微彼應自著觀者但覩其著而不見其微如此用之功專在彼故事無不可也

古之善摩者如操鉤而臨深淵餌而投之必得魚焉

○案太平御覽引焉作矣

故曰主事日成而人不知主兵日勝而人不畏也

鈎者露餌而藏鈎故魚不見鈎而可得賢者顯功而隱摩故人不知摩而自服故曰主事日成而人不知也兵勝由於善摩摩隱則無從而畏故曰主兵日勝而人不畏也

聖人謀之於陰故曰神成之於陽故曰明

潛謀

陰密日用不知若神道之不測故曰神也功成事遂煥然彰著故曰明也所謂主事日成者積德也而民安之不知其所以利積善也○案也字而錢本作智民道之不知其所以然而天下比之神明也聖人者體神道而設教參天地而施化韜光晦迹藏用顯仁故人安德而不知其所以利從道而不知其所以然故比之神明也主兵日勝者常戰於不爭不費而民不知所以服不知所以畏而天下比之神明善戰者絕禍於心胸禁邪於未萌故以不爭爲戰師旅不起故國用不費至德潛暢元風遐翦功成事就百姓皆得自然故不知所以服不知所以畏比之於神明也其○案别本無其字摩者有以平有以正有以喜有以怒有以名有以行有以廉有以信有以利有以卑凡此十者皆摩之所由而發言人之材性參差事務變化故摩者亦消息盈虛因幾而動之平者靜也正者宜○案

道藏本作直也喜者悅也怒者動也名者發也行者成也廉者潔也信者期也○案道藏本作明利者求也卑者諂也名貴發揚故曰發也行貴成功故曰成也故聖人所以獨用者衆人皆有之然無成功者其用之非也言上十事聖人獨用以爲摩而能成功立事然衆人莫不有之所以用之非其道故不能成功也故謀莫難於周密說莫難於悉聽事莫難於必成○案二句太平御覽引悉聽作悉行又引注云摩不失其情故能建功此三者唯聖人然後能任○案道藏本無任字之謀不周密則失機而害成說不悉聽則違理而生疑事不必成則止簀而中廢皆有所難能任之而無疑者其唯聖人乎故謀必欲周密必擇其所與通者說也故曰或結而無隙也爲通者說謀彼必虛受如受石投水開流而納泉如此則何隙而可得故曰結而無隙也○案注受字別本作更盧抱經學士云儀禮燕

禮更爵古文更爲受大射儀同左傳昭二十九年傳以更豕韋之後史記更作受周禮巾車歲時受讀杜子春曰受當爲更又一本如受石作如運石夫事成必合於數故曰道數與時相偶者也夫謀成必先考合於術數故道數時三者相偶合然後事可成而功可立也說者聽必合於情故曰情合者聽進說而能令聽者其唯情合者乎故物歸類抱薪趨火燥者先然平地注水濕者先濡此物類相應○案意林引作此類相應也於勢譬猶是也此言內符之應外摩也如是言內符之應外摩得類則應譬猶水流就濕火行就燥也故曰摩之以其類焉有不相應者乃摩之以其欲焉有不聽者故曰獨行之道善於摩者其唯聖人乎故曰獨行之道也夫幾者不晚成而不拘久而化成凡幾而作何晚之有功成不居何拘之有久行此二者可以化天下

權篇第九○案太平御覽引作量權篇

說者說之也說之者資之也說者說之於彼人也說之者所以資於彼人也資取也飾言者假之也假之者益損也說者所以文飾言語但假借以求入於彼非事要也亦既假之須有損益故曰假之者損益也應對者利辭也利辭者輕論也謂彼有所問卒應而對之但便利辭也辭務便利故所論之事自然利辭非至言也成義者明之也明之者符驗也覈實事務以成義理者欲明其真僞也真僞既明則符驗自著故曰明之者符驗也言或反覆欲相却也難言者却論也却論者釣幾也言或不合反覆相難所以却論前事也却論者必理精而事明幾微可得而盡矣故曰却論者釣幾也求其深隱曰釣也○案錢本無言或反覆欲相却也八字道藏本有當是正文觀注可見佞言者諂而干忠諂者先意承欲以求忠名故曰諂而干忠諛言者博而干智博者繁稱

文辭以求智名故曰博而干智平言者決而干勇決者縱舍不疑以求勇名故曰決而干勇戚言者權而干信戚者憂也謂象憂戚而陳言也權者策選進謀以求信名故曰權而干信靜言者反而干勝靜言者謂象清淨而陳言反者他分不足以窒非以求勝名故曰反而干勝先意承欲者諂也繁稱文辭者博也縱舍不疑者決也策選進謀者權也他○案他道藏本作先注並同分不足以窒非者反也已實不足不自知而內訟而反攻人之過窒他爲非如此者反也故口者機關也所以關閉情意也耳目者心之佐助也所以窺覸姦邪故曰參調而應利道而動口者所以發言語故曰機關也情意宣否在於機關故曰所以開閉情意也耳目者所以助心通理故曰心之佐助也心得耳目即能窺見間隙見彼姦邪故曰窺覸姦邪也耳目心三者調和而相應則動必成功吉無不利其所以無不利者則以順道而動故曰參調而應

（利道而動也○案注開閉道藏本作闔閉）故繁言而不亂，翺翔而不迷，變易而不危者，觀要得理。（苟能觀要得理，便可曲成不失，故雖繁言紛葩而不亂，翺翔越道而不迷，變易改常而不危也）故無目者不可示以五色，無耳者不可告以五音。（五色爲有目者施，故無目者不可得而示；五音爲有耳者作，故無耳者不可得而告。此二者爲下文分也）故不可以往者，無所開之也；不可以來者，無所受之也。物有不通者，聖人故不事也。（此不可以往說於彼者，爲彼暗滯無所可開也；彼所以不來說於此者，爲此淺局無所可受也。夫淺局之與暗滯，常閉塞而不通，故聖人不事也）古人有言曰：口可以食，不可以言者，有諱忌也。衆口爍金，言有曲故也。（口食可以肥百體，故可食也；口言或有招禍殃，故不可以言也。言者觸忌諱，故曰有忌諱也。金爲堅物，衆口能爍之，則以衆口有私曲故也，故曰言有曲故也）人之情，出言則欲

石研齋

聽舉事則欲成可聽在於合彼可成在於順理此爲下起端也是故智者不用其所短而用愚人之所長不用其所拙而用愚人之所工故不困也智者之短不勝愚人之長智者之拙不勝愚人之工常能棄此拙短而用彼工長故不困也○案道藏本注之長下有故用愚人之長也句之工下有故用愚人之工也句言其有利者從其所長也言其有害者避其所短也人能從利之所長避害之所短故出言必見聽舉事必成功也○案太平御覽引量權篇云言有通言從其所長言有塞者從其所短注云人辭說條通理達即敘述從其長者以昭其德人言壅滯即避其短稱宣其善以顯其行言說之樞機事物之志務者也故介蟲之捍也必以堅厚螫蟲之動也必以毒螫故禽獸知用其長而談者亦知其用而用也言介蟲之捍也入堅厚以自藏螫蟲之動也行毒螫以自衛此用其所長故能自勉於害至於他鳥獸莫不知用其長以自保

全談者感此亦知其所用而用也○案太平御覽引量權篇云介蟲之捍必以甲而後動螫蟲之動必先螫毒故禽獸知其所長而談者不知用也注云蟲以甲自覆障而言說者不知其長故曰辭言有五曰病曰恐曰憂曰怒曰喜五者有一必失中和而不平暢病者感衰氣而不神也病者恍惚故氣衰而言不神也恐者腸絕而無主也恐者內動故腸絕而言無主也憂者閉塞而不泄也憂者快悒故閉塞而言不泄也怒者妄動而不治也怒者鬱勃故妄動而言不治也喜者宣散而無要也喜者搖蕩故宣散而言無要也此五者精則用之利則行之此五者既失其平常故用之在精而行之在利其不精利則廢而止之也故與智者言依於博與博者○案博者道藏本作拙者太平御覽作博言依於辨與辨者言依於要與貴者言依於勢與富者言依於高○案高鄧析子作豪與貧者言依於利與

賤者言依於謙與勇者言依於敢與愚○案愚道藏本作過别本作通鄧析子作愚者言依於銳此其術○案術太平御覽作說也而人常反之此量宜發言之術也不違者反之則逆理而不免於害也是故與智者言將以此明之與不智者言將以此教之而甚難爲也與智者語將以明斯術與不智者語將以此術教之然人迷日久教之不易故難爲也○案道藏本迷字下有罔字故言多類事多變故終日言不失其類而事不亂言者條流舛雜故多類也事則隨時而化故多變也若言不失類則事亦不亂也終日不變而不失其主故智貴不忘不亂故不變不變故存主有常能令有常而不變者智之用也故其智可貴而不忘也聽貴聰智貴明辭貴奇聽聰則眞僞不亂知明則可否自分辭奇則是非有詮三者能行則功成事立故須貴也○案詮道藏本作證

謀篇第十○案太平御覽引作謀慮篇

凡謀有道○案道藏本凡謀上有爲人二字必得其所因以求其情得其所因則其情可求見情而謀則事無不濟審得其情乃立三儀三儀者曰上曰中曰下參以立焉○案太平御覽引謀慮篇云乃立三儀曰上曰中曰下參以立焉注云三儀有上有下有中以生奇奇○案一本作計不知其所壅始於古之所從言審情之術必立上智中才下愚三者參以驗之然後奇計可得而生奇計既生莫不通達故不知其所壅蔽然此奇計非自今也乃始於古之順道而動者蓋從於順也故鄭人之取玉也載司南之車爲其不惑也○案載字上藝文類聚有必字宋書禮志同夫度材量能揣情者亦事之司南也故同情而相親者其俱成者也同欲而相疏者其偏害者也同情謂欲共謀立事事若俱成後必

相親若乃一成一害後必相疏理之常也○案太平御覽引鬼谷子曰肅慎氏獻白雉於文王還恐迷路問周公作指南車以送之今按全書無此文疑是司南向下注文也同惡而相親者其俱害者也同惡而相疏者○案別本有其字偏害者也同惡謂同爲彼所惡後若俱害情必相親若乃一全一害後必相疏亦理之常也故相益則親相損則疏其數行也此所以察異同之分也異同之分用此而察○案道藏本正文異同之分下有其類一也四字故墻壞於其隙木毀於其節○案意林引二其字作有斯蓋其分也墻木壞毀由於隙節況人事之變生於異同故曰斯蓋其分也故變生事事生謀謀生計計生議議生說說生進○案太平御覽引注曰會同異曰議決是非曰說進生退退生制因以制於事故百事一道而百度一數也言事有根本各有從來譬之卉木因根而有枝條花葉故因變隙然後生於事業事

業者必須計謀成計謀者必須議說議說者必有當否故須進退之既有黜陟須别事以爲法而百事百度何莫由斯而至故其道數一也○案注成字疑衍夫仁人輕貨不可誘以利可使出費勇士輕難不可懼以患可使據危智者達於數明於理不可欺以不誠可示以道理可使立功是三才也使輕貨者出費則費可全使輕難者據危則危可安使達數者立功則功可成總三才而用之可以光耀千里豈徒十二乘而已故愚者易蔽也不肖者易懼也貪者易誘也是因事而裁之以此三術馭彼三短可以立事立功也謀者因事興慮宜知而裁之故曰因事裁之故爲强者積於弱也爲直者積於曲也有餘者積於不足也此其道術行也柔弱勝於剛强故積弱可以爲强大直若曲故積曲可以爲直少則可以得衆故積不足可以爲有餘然則以弱爲强以曲爲直以不足爲有餘斯道術之所行故曰道術行

也故外親而內踈者說內內親而外踈者說外外陽相親而內實踈者說內以除其內踈也內實相親而外陽踈者說外以除其外踈也故因其疑以變之因其見以然之若內外無親而懷疑者則因其疑以變化之彼或因變而有所見則因其所見以然之因其說以要之因其勢以成之既然見彼或有可否之說則因其說以要結之可否既形便有去就之勢則因其勢以成就之因其惡以權之因其患以斥之去就既成或有惡患則因其惡也爲權量之因其患也爲斥除之摩而恐之高而動之患惡既除或恃勝而驕者便切摩以恐懼之高危以感動之微而證之符而應之雖恐動之尚不知變者則微有所引據以證之爲設符驗以應之也擁（案擁疑作壅注同而塞之亂而惑之是謂計謀雖爲設引據符驗尚不知變者此則惑深不可救也便擁而塞之亂而惑之因抵而得之如此者可以爲計謀之用也（案注錢本無引字据道藏本增計謀之用

公不如私私不如結結比而無隙者也公者揚於王庭名爲聚訟莫執其咎其事難成私者不出門庭愼密無失其功可立故曰公不如私雖復潛謀不如與彼要結二人同心物莫之間欲求其隙其可得乎正不如奇奇流而不止者也正者循理守常難以速進奇者反經合義因事機發故正不如奇奇計一行則流通而不知止故曰奇流而不止也故說人主者必與之言奇說人臣者必與之言私與人主言奇則非常之功可立與人臣言私則保身之道可全其身內其言外者疏其身外其言深者危身在內而言外泄者必見疏也身居外而言深切者必見危也無以人之所不欲而強之於人無以人之所不知而教之於人謂其事雖近彼所不欲莫強與之將生恨怒也教人當以所知今反以人所不知者教之猶以暗除暗豈爲益哉人之有好也學而順之人之有惡也避而諱之故陰道而陽取之

學順人之所好避諱人之所惡但陰自爲之非彼所逆彼必感悅明言以報之故曰陰道而陽取之也故去之者從○案從道藏本作縱下文及注並同之從之者乘之將欲去之必先聽從令極其過惡過惡既極便可以法乘之故曰從之者乘之也貌者不美又不惡故至情託焉貌者謂察人之貌以知其情也謂其人中和平淡見善不美見惡不非如此者可以至情託之故曰至情託焉可知者可用也不可知者謀者所不用也謂彼情寛密可令知者可爲用謀故曰可知者可用也其人不寛密不可令知者謀者不爲用謀也故曰不可知者謀者所不用也故曰事貴制人而不貴見制於人制人者握權也○案也字錢本無見制於人者制命也制命者言命爲人所制也故聖人之道陰愚人之道陽聖人之道內陽而外陰愚人之道內陰而外陽智者事易而不智者事難以此觀之亡不可以爲存而危不可以爲

安然而無爲而貴智矣智者寛恕故易事愚者猜忌故難事然而不智者必有危亡之禍以其難事故賢者莫得申其計畫則亡者遂亡危者逐危欲求安存不亦難乎今欲存其亡安其危則他莫能爲惟智者可矣故曰無爲而貴智矣智用於衆人之所不能知而能用於衆人之所不能見衆人所不能知衆人所不能見智獨能用之所以貴於智也既用見可否擇事而爲之所以自爲也見不可擇事而爲之所以爲人也亦既用智先已而後人所見可否擇事爲之將此自爲所見不可擇事而爲之將此爲人亦猶伯樂教所親相駑駘教所憎相千里也○案可否否字疑衍故先王之道陰言有之曰天地之化在高與深聖人之制○案制字疑衍道在隱與匿非獨忠信仁義也中正而已矣言先王之道貴於陰密尋古遺言證有此理曰天地之化唯在高深聖人之道唯在隱匿所隱者中正自然合道非專在忠信仁義也故曰非

獨忠信仁義也道理達於此之義○案別本作此義者則可與語言謀者曉達道理能於此義達暢則可與語至而言極也由能得此則可以穀遠近之誘穀養也若能得此道之義則可居大寶之位養遠近之人誘於仁壽之域也

決篇第十一

凡決物必託於疑者善其用福惡其有患善至於誘也有疑然後決故曰必託於疑者凡人之情用福則善有患則惡福患之理未明疑之所由生故曰善其用福惡其有患然善於決疑者必誘得其情乃能斷其可否也終無惑偏有利焉去其利則不受也奇之所託懷疑曰惑不正曰偏決者能無惑偏行者乃有通濟然後福利生焉若乃去其福利則疑者不更其決更使託意於奇也趨異變常曰奇○案注更道藏本作受更使以下十三字道藏本鈌若有利於善者隱託於惡則不受矣致疎遠謂疑者本

其利善而決者隱其利善之情反託之於惡則不受其決更致疏遠矣故其有使失利者有使離害者此事之失言上之二者或去利託於惡疑者既不更其決則所行罔能通濟故有失利罹害之敗焉凡此皆決事之失也聖人所以能成其事者有五有以陽德之者有以陰賊之者有以信誠之者有以蔽匿之者有以平素之者聖人善變通窮物理凡所決事期於必成事成理著者以陽德決之情隱言僞者以陰賊決之道誠志直者以信誠決之姦小禍微者以蔽匿決之循常守故者以平素決之陽勵於一言陰勵於二言平素樞機以用四者微而施之勵勉也陽爲君道故所言必勵於一一無爲也陰爲臣道故所言必勵於二二有爲也君道無爲故以平素爲主臣道有爲故以樞機爲用言一也二也平素也樞機也四者其所施爲必精微而契妙然後事行而理不壅矣於是度之往事驗之來事參之平素可則決之君臣既有

定分然後度往驗來參以平素計其是非於理既可則爲決之王公大人之事也危而美名者可則決之危由高也事高而名美者則爲決之不用費力而易成者可則決之所謂惠而不費故爲決之用力犯勤苦然不得已而爲之者可則決之所謂知之無可奈何安之若命故爲決之去患者可則決之從福者可則決之去患從福之人理之大順故爲決之故夫決情定疑萬事之基○案基道藏本作機以正治亂決成敗難爲者治亂以之正成敗以之決失之毫釐差之千里樞機之發榮辱之主故曰難爲故先王乃用蓍龜者以自決也夫以先王之聖智無所不通猶用蓍龜以自決況自斯以下而可以專已自信不博謀於通識者哉

符言第十二

發言必驗有若符契故曰符言

安徐正靜其被節先肉被及也肉肥也謂饒裕也言人若居位能安徐正靜則所及之

節度無不饒裕也○案先肉道藏夲作無不肉善與而不靜虛心平意以待傾損言人君善與事接而不安靜者但虛心平意以待之傾損之期必至矣右○案右道藏夲作有下竝同

主位主於位者安徐正靜而已目貴明耳貴聰心貴智目明則視無不見耳聰則聽無不聞心智則思無不通此三者無壅則何措而非當也以天下之目視者則無不見以天下之耳聽者則無不聞以天下之心思○案心鄭析子作智道藏夲無思字慮者則無不知昔在帝堯聰明文思光宅天下盖用此道也輻輳並進則明不可塞夫聖人不自用其聰明思慮而任之天下故明者爲之視聽者爲之聽智者爲之謀若雲從龍風從虎沛然莫之能禦輻輳並進則亦宜乎若日月之照臨其可塞哉故曰明不可塞也右主明主於明者以天下之目視也

德之術曰勿堅而拒之崇德之術在於恢宏博納山不讓塵故能成其高海不辭流故能成其深聖人不拒衆故能成其大故曰勿堅而拒

之也許之則防守拒之則閉塞言許而容之衆必歸而防守拒而逆之衆必違而閉
塞歸而防守則危可安違而閉塞則通更壅夫崇德者安可以不宏納哉高山仰之可極深
淵度之可測神明之德術正靜其莫之極高莫過山猶可極深莫過
淵猶可測若乃神明之德術正靜迎之不見其前隨之不見其後其可測量哉右主德主於德者在於
含宏而勿距也用賞貴信用刑貴正賞信則立功之士致命捐生刑正則更戮之人没齒
無怨○案更道藏夲作受賞賜貴信必驗耳目之所聞見其所不聞
見者莫不闇化矣言施恩行賞耳目所聞見則能驗察不謬動必當功如此則信在言前雖
不聞見者莫不闇化也誠暢於天下神明而況姦者干君言每賞必信則
至誠暢於天下神明保之如赤子天祿不傾如泰山又況不逞之徒而欲奮其姦謀干於君位者哉此猶腐肉
之齒利劍鋒接必無事矣右主賞主於賞者貴於信也一曰天之二曰地之三

曰人之天有逆順之紀地有孤虛之位人有通塞之分有天下者宜皆知之四方上下左右前後熒惑之處安在夫四方上下左右前後皆有陰陽向背之宜有國從事者不可不知又熒惑天之法星所居災眚吉凶尤著故曰雖有明天子必察熒惑之所在故亦須知之右主問主於問者須辯三才之道心爲九竅之治君爲五官之長九竅運爲心之所使五官動作君之所命爲善者君與之賞爲非者君與之罰賞善罰非爲政之大經也君因其所以求因與之則不勞與者應彼所求求者得應而悅應求則取施不妄得應則行之無怠循性而動何勞之有聖人用之故能賞之因之循理固○案一本作故鄧析子亦作故故固古字通能久長因求而與悅莫大焉雖無玉帛勸同賞矣然因逆理禍莫速焉因之循理故能長久右主因主於因者貴於循理人主不可不周人主不周則羣臣生亂周謂徧知物理於理不周故羣臣亂也家于其

無常也內外不通安知所開家猶業也羣臣既亂故所業者無常而內外閉塞觸途多礙何如知所開乎開閉不善不見原也開閉即捭闔也既不用捭闔之理故不見爲善之源也右主周主於周者在於徧知物理一曰長目二曰飛耳三曰樹明用天下之目視故曰長目用天下之耳聽故曰飛耳用天下之心慮故曰樹明明知千里之外隱微之中是謂洞天下姦莫不闇變言用天下之心慮則無不知故千里之外隱微之中莫不元覽既察隱微故爲姦之徒絕邪於心胷故曰莫不闇變更改也○案道藏本正文闇變下有更字與注意合右主恭主於恭者在於聰明文思循名而爲實安而完實既副名所以安全名實相生反相爲情循名而爲實因實而生名名實不虧則情在其中矣故曰名當則生於實實生於理名當自生於實實立自生於理生於名實之德無理不當則名實之德自生也德生於和和生於當有德

必和能和自當右主名主於名者在於稱實

轉丸胠亂○案亂當作篋一本作轉丸第十三胠篋第十四下注亡字二篇皆亡

或有取莊周胠篋而充次第者按鬼谷之書崇尚計謀祖述聖智而莊周胠篋乃以聖人爲大盜之資聖法爲桀跖之失亂天下者聖人之由也蓋欲縱聖棄智驅一代於混茫之中殊非此書之意蓋無取焉或曰轉丸胠篋者本經中經是也○案唐趙蕤長短經反經篇引鬼谷子曰將爲胠篋探囊發匱之盜爲之守備則必攝緘縢固扃鐍此代俗之所謂智也然而巨盜至則負匱揭篋擔囊而趨唯恐緘縢扃鐍之不固也然則向之所謂智者有不爲盜積者乎其所謂聖者有不爲大盜守者乎何以知其然耶昔者齊國鄰邑相望雞狗之音相聞罔罟之所布耒耨之所刺方二千餘里闔四境之內所以立宗廟社稷治邑屋州閭鄉里者曷常不法聖人哉然而田成子一朝殺齊君而盜其國所盜者豈獨其國耶并與聖智之法而盜之故田成子有乎盜賊之名而身處堯舜之安小國不敢

非大國不敢誅十二代而有齊國則是不乃竊齊國幷與其聖智之法以守其盜賊之身乎跖之徒問於跖曰盜亦有道乎跖曰何適而無有道耶夫妄意室中之藏聖也入先勇也出後義也知可否智也分均仁也五者不備而能成大盜者天下未之有也由是觀之善人不得聖人之道不立盜跖不得聖人之道不行天下之善人少而不善人多則聖人之利天下也少而害天下也多矣其文與莊子小異即注所云或有取莊周胠篋而充次第者也竊疑鬼谷篇目既經陶宏景刪定不應唐世尚有此篇趙蕤生於開元與尹知章同時可爲是尹非陶之證録之以俟博考

嘉慶十年乙丑冬十月甘泉吳連寫
江都秦伯敦父校刋計十九葉

鬼谷子卷中

鬼谷子卷下

梁 陶 宏 景 注

本經陰符七術

陰符者私志於內物應於外若合符契故曰陰符由本以經末故曰本經

盛神法五龍五龍五行之龍也龍則變化無窮神則陰陽不測故盛神之道法五龍也盛神中有五氣神爲之長心爲之舍德爲之大養神之所歸諸道五氣五藏之氣也謂精神魂魄志也神居四者之中故爲之長心能含容故爲之舍德能制御故爲之大然則養神之所宜歸之於道也道者天地之始一其紀也物之所造天之所生包宏無形化氣先天地而成莫見其形莫知其名謂之神靈無名天地之始故曰道者天地之始也道始所生者一故曰一其紀也言天道混成陰陽陶鑄萬物以之造化天地以之生成包容宏厚莫見其形至於化育之氣乃先天地而成不可以狀

貌詰不可以名字尋妙萬物而爲言是以謂之神靈也故道者神明之源一其化端是以德養五氣心能得一乃有其術神明稟道而生故曰道者神明之源也化端不一則有時不化故曰一其化端也循理有成謂之德五氣各能循理則成功可致故曰德養五氣也一者無爲而自然者也心能無爲其術自生故曰心能得一乃有其術也術者心氣之道所由舍者神乃爲之使心氣合自然之道乃能生術術者道之由舍則神乃爲之使九竅十二舍者氣之門戶心之總攝也生受於天謂之眞人眞人者與天爲一十二舍者謂目見色耳聞聲鼻臭香口知味身覺觸意思事根境互相停舍舍有十二故曰十二舍也氣候由之出入故曰氣之門戶也唯心之所操舍故曰心之總攝也凡此皆受之於天不虧其素故曰眞人眞人者體同於天故曰與天爲一也內修練而知之謂之聖人聖人者以類知之內修練謂假學而知者也然聖人雖聖猶假學而知假學

卽非自然故以類知之也曰故人與一生出於物化言人相與生在天地之閒得其一耳但既出之後隨物而化故有不同也知類在竅有所疑惑通於心術心無其術必有不通竅謂九竅也言知事類在於九竅然九竅之所疑必與心術相通若乃心無其術術必不通也其通也五氣得養務在舍神此謂之化心術能通五氣自養然養五氣者務令神來歸舍神既來舍自然隨理而化也化有五氣者志也思也神也德也神其一長也靜和者養氣○案道藏本有養字氣得其和四者不衰四邊威勢無不爲存而舍之是謂神化歸於身謂之眞人言能化者在於全五氣神其一長者言能齊一志思而君長之神既一長故能靜和而養氣氣既養德必和焉四者謂志思神德也是四者能不衰則四邊威勢無有不爲常存而舍之則神道變化自歸於身神化歸身可謂眞人也眞人者同天而合道執一而養

產萬類懷天心施德養無爲以包志慮思意而行威勢者也士者通達之神盛乃能養志（一者無爲也言眞人養產萬類懷抱天心施德養育皆以無爲爲之故曰執一而養產萬類至於志意思慮運行威勢莫非自然循理而動故曰無爲以包也然通達此道其唯善爲士者乎既能盛神然後乃可養志也）

養志法靈龜（志者察是非龜能知吉凶故曰養志法靈龜）

養志者心氣之思不達也（言以心氣不達故須養志以求通也）有所欲志存而思之志者欲之使也欲多則心散心散則志衰志衰則思不達（此明縱欲者不能養氣志故所思不達也）故心氣一則欲不徨欲不徨則志意不衰志意不衰則思理達矣（此明寡欲者能養其志故思理達矣）理達則和通和通則亂氣不煩於胷中（和通則莫不調暢故亂氣自消）故內以養志外以知人養志則

心通矣知人則職分明矣心通則一身泰職明則天下平將欲用之於人必先知其養氣志知人氣盛衰而養其志氣察其所安以知其所能將欲用之於人謂以養志之術用人也養志則氣盛不養則氣衰盛衰既形則其所安所能可知矣然則善於養志者其唯寡欲乎志不養則心氣不固心氣不固則思慮不達思慮不達則志意不實志意不實則應對不猛應對不猛則志失而心氣虛志失而心氣虛則喪其神矣此明喪神始於志不養也神喪則髣髴髣髴則參會不一髣髴不精明之貌參會謂志心神三者之交會也神不精明則多違錯故參會不得其一也養志之始務在安己己安則志意實堅志意實堅則威勢不分神明常固守乃能分之安者謂寡欲而心安也威勢既不分散神明常來固守如此則

威積而勢震物也上分謂散亡也下分謂我有其威而能動彼故曰乃能分之也實意法螣蛇意有委曲蛇能屈伸故實意者法螣蛇也實意者氣之慮也意實則氣平氣平則慮審故曰實意者氣之慮也心欲安靜慮欲深遠心安靜則神策生○案神策生道藏本作神明榮慮深遠則計謀成神策生則志不可亂計謀成則功不可間智不可亂故能成其計謀功不可間故能寧其邦國意慮定則心遂安心遂安則所行不錯神自得矣得則凝心安則無爲而順理不思而元覽故心之所行不錯神自得之得則無不成矣疑者成也識氣寄姦邪而倚之詐謀○案道藏本邪下謀下並有得字而惑之言無由心矣寄謂客寄言識氣非真但客寄耳故姦邪得而倚之詐謀得而惑之如此則言皆胷臆無復由心矣故信心術守真一而不化待人意慮之交會聽之候也言心術誠明而不虧真一守固

而不化然後待人接物彼必輸誠盡意智者慮能明者獻策上下同心故能謀慮交會也用天下之耳聽故物候可知矣計謀者存亡之樞機慮不會則聽不審矣候之不得計謀失矣則意無所信虛而無實計得則存計失則亡故曰計謀者存亡之樞機慮不合物則聽者不爲已聽故聽不審矣聽既不審候豈得哉乖候而謀非失而何計既失矣意何所信惟有虛僞無復誠實也○案注計既失矣十七字道藏本缺故計謀之慮務在實意實意必從心術始實意則計謀得故曰務在實意實意由於心安故曰必在心術始也○案道藏本誤以此節正文爲注又缺注實意以下十八字無爲而求安靜五臟和通六腑精神魂魄固守不動乃能內視反聽定志慮之太虛待神往來言欲求安心之道必先寂澹無爲如此則五臟安靜六腑和通精神魂魄各守所司澹然不動則可以內視無形反聽無聲志慮宅太虛至神明千萬往來歸於已也○案宅道藏本作定

以觀天地開闢知萬物所造化見陰陽之終始原人事之政理不出戶而知天下不窺牖而見天道不見而命不行而至唯神也寂然不動感而遂通天下之故能知於不知見於不見豈待出戶窺牖然後知見哉同於不見而命不行而至也是謂道知以通神明應於無方而神宿矣道無思也無爲也然則道知者豈用知而知哉以其無知故能通神明應於無方而神來舍矣宿猶舍也

分威法伏熊精虛動物謂之威發近震遠謂之分熊之搏擊必先伏而後動故分威法伏熊也

分威者神之覆也覆猶衣被也神明衣被然後其威可分也故靜意固志神歸其舍則威覆盛矣言致神之道必須靜意固志自歸其舍則神之威覆隆盛矣舍者志意之宅也威覆盛則內實堅內實堅則莫當莫當則能以分人之威而動其勢如其天外威既盛則內志堅實表裏相副誰敢當之物不能當則

我之威分矣威分勢動則物皆肅然畏敬其人若天也以實取虛以有取無若以鎰稱銖言威勢既盛人物肅然是我實有而彼虛無故能以我實取彼虛以我有取彼無其取之也動必相應猶稱銖以成鎰也二十四銖為兩二十四兩為鎰也故動者必隨唱者必和撓其一指觀其餘次動變見形無能間者言威分勢震靡物猶風故能動必有隨唱必有和但撓其指以名呼之則羣物畢至然徐徐以次觀其餘衆循性安之各令得所於是風以動之變以化之猶泥之在鈞羣器之形自見如此則天下樂推而不厭誰能間之也審於唱和以間見間動變明而威可分也言審識唱和之理故能有間必知我既知間故能見間而既見間即莫能間故能明於動變而威可分也將欲動變必先養志伏意以視間既能養志伏意視知其間則變動之術可成矣知其固實者自養也讓已者養人也故神存兵亡乃為之形勢謂自知志意固實者此可以自

養也能行禮讓於己者乃可以養人也如此　散勢法鷙 七二
則神存於內兵亡於外乃可爲之形勢也
鳥勢散而物服猶鳥擊禽獲故散勢法鷙鳥也　散勢者神之使也勢由神發故勢者神
之使也　使用之必循間而動無間則勢不行故用之必循間而動　威肅內盛推
間而行之則勢散言威勢內盛行之又因間而發則其勢自然而散也　夫散勢者
心虛志溢心虛則物無不包志溢則事無不決所以能散其勢　意衰威失精神不
專其言外而多變志意衰微而失勢精神挫衄而不專則言踈外而多譎變也　故觀
其志意爲度數乃以揣說圖事盡圓方齊短長知其志意隆替
然後爲之度數度數既立乃復揣而說之其圖事也必盡圓方之理齊短長之用也　無間則不散
勢者○案道藏本者上有散字盧抱經先生云疑不散下勢字不當有下句作散者爲是　待間而
動動而勢分矣散不得間則勢不行故散勢者待間而動動而得間勢自分矣　故善思

間者必內精五氣外視虛實動而不失分散之實五氣內精
然後可以外察虛實之理虛實之理不失則必可知其有間故能不失分散之實也動則隨其志
意知其計謀計謀者志意之所成故隨其志意以知其計謀也勢者利害之決
權變之威勢敗者不以神肅察也神不肅察所以勢敗也○案敗字疑散字
之誤轉圓○案孫季述云疑即轉丸法猛獸言聖智之不窮若轉圓之無止轉圓之無止猶獸威
無盡故轉圓法猛獸也轉圓者無窮之計也無窮者必有聖人之
心以原不測之智而通心術聖心若鏡物感斯應故不測之智可原心術之要可
通也而神道混沌爲一以變論萬類說義無窮既以聖心原不測通
心術故雖神道混沌如物杳冥而能論萬類之變說無窮之義也智畧計謀各有形容
或圓或方或陰或陽或吉或凶事類不同事至然後謀與謀興然後

事濟事無常準故形容不同圓者運而無窮方者止而有分陰則潛謀未兆陽則功用斯動吉則福至凶則禍來凡此事皆反覆故曰事類不同也○案注動道藏本作彰故聖人懷此用轉圓而求其合此謂所謀圓方以下六事既有不同或多乖謬故聖人懷轉圓之思以求順通合也故與造化者爲始動作無不包大道以觀神明之域聖人體道以爲用其動也神其隨也天故與造化其初動作先合大道之理必稽神明之域神道不違然後發號施令也天地無極人事無窮各以成其類見其計謀必知其吉凶成敗之所終天地則獨長且久故無極人事則吉凶相生故無窮天地以日月不過陵谷不遷爲成人事以長保元亨考終厥命爲成故見其事之成否則知其計謀之得失知其計謀之得失則吉凶成敗之所終皆可知也轉圓者或轉而吉或轉而凶聖人以道先知存亡乃知轉圓而從方言吉凶無常準故取類轉圓然唯聖人坐忘遺纍體同乎道故能先

知存亡之所在乃後轉圓而從其方棄凶而趨吉方謂吉之所在也圓者所以合語方者所以錯事轉化者所以觀計謀接物者所以觀進退之意圓者通變不窮故能合彼此之語方者分位斯定故可以錯有爲之事轉化者改禍爲福故可以觀計謀之得失接物者順通人情故可以觀進退是非之事也皆見其會乃爲要結以接其說也謂上四者必見其會通之變然後總其綱要以結之則情僞之說可接引而盡矣損兌法靈蓍老子曰塞其兌河上公曰兌目也莊子曰心有眼然則兌者謂以心眼察理也損者謂減損他慮專以心察也兌能知得失蓍能知休咎故損兌法靈蓍也損兌者機危之決也幾危之兆動理之微非心眼莫能察見故曰損兌者機危之決也事有適然物有成敗機危之動不可不察適然者有時而然也物之成敗有時而然機危之動自微至著若非情識遠深知機元覽則不能知於未兆察於未形使風濤潛駭危機密發然後河海之量堙爲窮流一簣之積疊成

山嶽不謀其始雖悔何追故曰不可不察也故聖人以無爲待有德言察辭合於事夫聖人者勤於求賢密於任使故端拱無爲以待有德之士士之至也必敷奏以言故曰言察辭也又當明試以功故曰合於事也兌者知之也損者行之也用其心服故能知之減損他慮故能行之損之說之物有不可者聖人不爲之辭言減損之說及其所說之物理有不可聖人不生辭以論之也故智者不以言失人之言故辭不煩而心不虛志不亂而意不邪智者聽與人之訟採蒭蕘之言雖復辯周萬物不自說也故不以已能言而棄人之言既用衆言故辭當而不煩還任衆心故心誠而不僞心誠言當志意豈復亂邪哉○案注訟道藏本作頌訟頌古字通當其難易而後爲之謀因自然之道以爲實夫事變而後謀生改常而後計起故必當其難易之際然後爲之計謀失自然之道則事廢而功虧故必因自然之道以爲用謀之實也圓者不行方者不止是

謂大功益之損之皆為之辭夫謀之妙者必能轉禍為福因敗成功沮彼而成我也彼用圓者謀令不行彼用方者謀令不止然則圓行方止理之常也吾謀既發彼不得守其常豈非大功哉至於謀之損益皆為生辭以論其得失也用分威散勢之權以見其兌威其機危乃為之決兌所以能分威散勢者心眼之由也心眼既明機危之威可知之矣既知之然後能決之也故善損兌者譬若決水於千仞之堤轉圓石於萬仞之谿〇案而能以下十二字道藏本缺而能行此者形勢不得不然也言善損慮以專心眼者見事審得理明意決而不疑志雄而不滯其猶決水轉石誰能當禦哉

持樞樞者居中以運外處近而制遠主於轉動者也故天之北辰謂之天樞門之運轉者謂之户樞然則持樞者執運動之柄以制物者也

持樞謂春生夏長秋收冬藏天之正也言春夏秋冬四時運行不為而

自然也不爲而自然所以爲正也不可干而逆之逆之者雖成必敗言理所必有物之自然靜而順之則四時行焉萬物生焉若乃干其時令逆其氣候成者猶敗況未成者乎元亮曰含氣之類順之必悅逆之必怒況天爲萬物之尊而逆之乎故人君亦有天樞生養成藏言人君法天以運動故曰亦有天樞然其生養成藏天道之行也人事之正亦復不別耳亦不可干而逆之逆之者雖盛必衰此天道人君之大綱也言干天之行逆人之正所謂倒置之故曰逆非衰而何此持樞之術恨太簡促暢理不盡或簡篇脫爛本不能全故也

中經謂由中以經外發於心本以彌縫於物者也故曰中經

中經謂振窮趨急施之能言厚德之人救拘執窮者不忘恩也振起也趨向也物有窮急當振趨而向護之及其施之必在能言之士厚德之人若能救彼拘

執則窮者懷德終不忘恩也能言者儔善博惠儔類也謂能言之士解紛救難不失善人之類而能博行恩惠也施德人者依道言施德之人動能循理所爲不失道也而救拘執者養使小人言小人在拘執而能救養之則小人可得而使也蓋士遭世異時危或當因免塡坑或當伐害能言或當破德爲雄或當抑拘成罪或當戚戚自善或當敗敗自立塡坑謂時有兵難轉死溝壑士或有所因而能免斯禍者伐害能言謂小人道長讒人罔極故能言之士多被殘害破德爲雄謂毀文德崇兵戰抑拘成罪謂賢人不辜橫被縲絏戚戚自善謂天下蕩蕩無復紀綱而賢者守死善道貞心不渝所謂歲寒然後知松柏之後彫風雨如晦雞鳴不已者也敗敗自立謂天未悔過危敗相仍君子窮而必通終能自立若管敬仲者也○案悔過道藏本作悔禍故道貴制人不貴制於人也○案於人下錢本缺一字制人者握權制於人者失命貴有術而制人不貴

無術而爲人所制也是以見形爲容象體爲貌聞聲知音解仇鬬郄綴去却語攝心守義此總其目下別序之本經紀事者紀道數其變要在持樞中經此總言本經持樞中經之義言本經紀事但紀道數而已至於權變之要乃在持樞中經也見形爲容象體爲貌者謂爻爲之生○案生道藏本作主也見彼形象彼體即知其容貌者謂用爻卦占卜而知也可以影響形容象貌而得之也謂彼人之無守故可以影響及貌占而得之有守之人目不視非耳不聽邪言必詩書行不淫僻以道爲形以德爲容貌莊色溫不可象貌而得之如是隱情塞郄而去之有守之人動皆正直舉無淫僻浸昌浸盛輝光日新雖有辯士之舌無從而發故隱情塞郄閉藏而去之○案浸昌浸盛道藏本作厥後昌盛聞聲知音者謂聲氣不同恩愛不接故商

角不二合徵羽不相配商金角木徵火羽水遞相尅食性氣不同故不相配合也能爲四聲主者其唯宮乎宮則土也土主四季四者由之以生故能爲四聲之主也故音不和則悲是以聲散傷醜害者言必逆於耳也散傷醜害不和之音音氣不和必與彼乖故其言必逆於耳雖有美行盛譽不可比目合翼相須也此乃氣不合音不調者也言若音氣乖彼雖行譽美盛非彼所好則不可如比目之魚合翼之鳥兩相須也其有能令兩相交應不與同氣者乎執〇案道藏本作解仇鬬郄謂解羸徵〇案道藏本作徵注並同之仇鬬郄者鬬強也辯說之道其猶張弓高者抑之下者舉之故羸徵爲仇從而解之強者爲郄從而鬬之也〇案正文作徵注作徼未知孰是強郄既鬬稱勝者高其功盛其勢也鬬而勝者從而高其功盛其勢也弱者哀其負傷其卑汙其名耻其宗鬬而弱者從而哀其負劣

傷其卑小汙下其名耻辱其宗也故勝者聞其功勢苟進而不知退知進而不知退必有亢龍之悔弱者聞哀其負見其傷則強大力倍死者弱者聞我哀傷則勉強其力倍意致死爲我爲是也是也卻無強大禦無強大則皆可脅而并言雖爲卻非能強大其於扞禦亦非強大如是者則以兵威脅令從已而并其國也綴去者謂綴已之繫言使有餘思也繫屬也謂已令去而欲綴其所屬之言令後思而同也故接貞信者稱其行厲其志言可爲可復會之期喜欲令去後有思故接貞信之人則稱其行之盛美厲其志令不怠謂此美行必可常爲必可報復會通其人必令至於喜悅也以他人庶引驗以結往明欵欵而去之言既稱行厲志令其喜悅然後以他人庶幾於此行者引之以爲成驗以結已往之心又明已欵欵至誠如是而去之必思已而不忘也郤語者察伺短也言郤語之道必察伺彼短也故言多

必有數短之處識其短驗之言多不能無短既察其短必記識之取驗以明也動以忌諱示以時禁既驗其短則以忌諱動之時禁示之其人恐畏○案道藏本作其人因以懷懼誤作注文然後結信以安其心收語蓋藏而卻之其人既以懷懼必有求服之情然後結以誠信以安其懼以收其向語蓋藏而卻之則其人之恩感固以深矣無見己之所不能於多方之人既藏向語又戒之曰勿於多方人前見其所不能也攝心者謂逢好學伎術者則爲之稱遠欲將攝取彼心見其好學伎術則爲作聲譽令遠近知之也方驗之道驚以奇怪人繫其心於己既爲作聲譽方且以道德驗其伎術又以奇怪從而驚動之如此則彼人必繫其心於己也效之於人驗去亂其前吾歸誠於己人既繫心於己又效之於時人驗之於往賢然後更理其目前所爲謂之曰吾所以然者歸誠於彼人之己如此則賢人之心可得而攝亂者理也遭淫酒

色者爲之術音樂動之以爲必死生日少之憂言將欲探愚人之心見淫酒色者爲之術音樂之可説又以過於酒色必之死地生日減少以此可憂之事以感動之也○案探道藏本作攝下同喜以自所不見之事終可以觀漫瀾之命使有後會又以音樂之事彼所不見者以喜悅之言終以可觀何必淫於酒色若能好此則性命漫瀾而無極然後終會於永年愚人非可以道勝説故惟音樂可以探其心守義者謂以人探其在內以合也義宜也探其心隨人所宜遂所欲以合之也探心深得其主也從外制內事有繫曲而隨之既探知其心所以得主深也得心既深故能從外制內內由我制則何事不行故事有所屬莫不由曲而隨已也故小人比人則左道而用之至能敗家奪國小人以探心之術來比於君子必以左道用權凡事非公正皆曰小人以道亂常害賢伐善所用者左所違者公百度昏亡萬機曠紊家敗國奪不亦宜乎非賢智不

能守家以義不能守國以道聖人所貴道微妙者誠以其可以轉危爲安救亡使存也○案道藏本有注道謂中經之道也七字

鬼谷子卷下

嘉慶十年乙丑冬十月甘泉吳𨗨寫
江都秦伯敦父校刊計十二葉

www.ingramcontent.com/pod-product-compliance
Lightning Source LLC
LaVergne TN
LVHW051058180726
843512LV00020B/1515
* 9 7 8 7 5 1 0 7 1 0 9 9 5 *